[英国] 约翰 · 亨德里 著　苏瑞娜 林海涛 译

管理学

牛津通识读本 ·

Management

A Very Short Introduction

译林出版社

图书在版编目（CIP）数据

管理学 / （英）约翰·亨德里（John Hendry）著；苏瑞娜，林海涛译．
—南京：译林出版社，2023.11
（牛津通识读本）
书名原文：Management: A Very Short Introduction
ISBN 978-7-5447-9854-9

Ⅰ.①管… Ⅱ.①约… ②苏… ③林… Ⅲ.①管理学 Ⅳ.①C93

中国国家版本馆 CIP 数据核字（2023）第 151793 号

著作权合同登记号　图字：10-2018-429 号

管理学　［英国］约翰·亨德里 / 著　苏瑞娜　林海涛 / 译

责任编辑　陈　锐
装帧设计　景秋萍
校　　对　戴小娥
责任印制　董　虎

原文出版　Oxford University Press, 2013
出版发行　译林出版社
地　　址　南京市湖南路 1 号 A 楼
邮　　箱　yilin@yilin.com
网　　址　www.yilin.com
市场热线　025-86633278
排　　版　南京展望文化发展有限公司
印　　刷　江苏凤凰通达印刷有限公司
开　　本　890 毫米 ×1260 毫米　1/32
印　　张　8.75
插　　页　4
版　　次　2023 年 11 月第 1 版
印　　次　2023 年 11 月第 1 次印刷
书　　号　ISBN 978-7-5447-9854-9
定　　价　39.00 元

序　言

龙　静

在现代社会中，管理无处不在。无论人们从事何种职业，事实上都在参与管理，管理国家、管理政府、管理某种组织、管理某个部门、管理某项业务、管理家庭、管理自己，生活中处处蕴含着管理的思想。但是，管理的真谛是什么？或许没有多少人能说得清楚。因为管理工作千差万别，要从各种特殊的管理工作中寻找出共同的普遍适用的规律和原理，具有很大的难度。同时，管理又是一个十分复杂的过程，往往涉及多个学科的交叉，也可以从多个不同维度去解读，这又大大增加了管理学研究的难度。因此，有关管理学的读本或书籍不胜枚举，有聚焦于基础的管理学教材，有梳理演进脉络的管理思想史类读物，也有专注探究管理某个方面的专业书籍。作为其中之一，约翰·亨德里所著的这本通识类《管理学》定位在教材和专业书籍之间，为广大读者提供了一个系统涉猎管理学内容的契机。

不同于传统教材按照管理的几大职能描述管理学的宏大绘卷，作者在带领我们理解管理学重要概念的基本内涵与管理者的工作后，从“管理的尺度”，即我们如何看待组织或员工入手，依托管理学发展历程中的三个趋势——理性化趋势、社会化趋势与个性化趋势，向我们阐述管理学的重要内容。管理是糅合了理性和艺术的复杂性活动。作为一门学科，管理学本质上是一套有关社会、组织与人的公理体系，其中必然包含着理性成分，但管理的神奇亦体现在管理者根据自身特点、能力及其组织和环境的情况，对基本管理原理的创造性应用上。管理者能够应用的武器既包括科学的、带有普遍性的技术和方法，也包括与人有关随情况变化的、涉及心理和行为的具有艺术特色的知识和经验。同时，管理世界并不是一个独立于人们心灵之外的物理世界，管理世界的真实图像是由人们共同的自由意志创造的，管理学科的真理性，又依赖管理实践的有效性。从这个意义上说，管理是一种实践，管理理论的可靠性和有用性也只有通过实践去检验。管理似乎永远达不到“自然科学”的那种境界，但这丝毫不影响管理可以成为一门学科。再者，管理面对的是实际的企业、组织和人，一般规律对他们有用，但他们往往也有独特性，所以不能僵化地看待管理知识，在理解和运用管理知识时一定要意识到其使用对象的特殊性。本书框架构思的巧妙之处在于，它将管理所具有的以上种种科学、艺术、实务、思想等多个属性，都融合进了三个趋势的分析之中，在此基础上又添加了一些“点缀”，即我们看待管理学内容时应该具备的视角、能力和素质，包括跨文化视角与批判性视角、意义建构能力和最基本的道德素质，从而向读者展示了一幅较为系统的管理学绘卷。

关于管理内容的叙述，本书一方面梳理了古典理论内容的精华部分，展现了管理学中经过历史沉淀的理论璀璨，如马克斯·韦伯的三种权威形式和科层制；另一方面也汇总了相关领域的新颖成果，如意义建构带给管理者与组织的新思考。在叙述这两方面的内容时，作者更多采用了一种整体视角，尽可能梳理关联理论，将相关理论整合到一起，以反映理论的演进过程，例如围绕赫伯特·西蒙的有限理性，探讨该理论在社会、政治及社会心理学方面进行的探索。

在上述内容的具体分析中，同样反映了作者的独到见解，例如通过叙述警长的工作实践向我们表明了从功能性维度探讨管理工作的重要性，进而展示了管理工作的三个维度；又如在“跨文化管理”中分析了美国研究与教学能够成为管理主流的文化特质方面的原因，同时也详细分析了世界典型国家在不同文化维度上的差异性，尤其是在时间观方面存在的巨大差异。当然，为了使叙述更为形象，文中穿插了大量生动的例子，这些例子既涵盖知名企业或组织的典型管理实践，如惠普公司的“惠普之道”与实施家长式管理的吉百利和利华兄弟公司等，也涉及日常生活与其他学科领域浅显易懂的示例，如在探讨理性时列举的有关量子力学、经济学和心理学等学科的例子。这些都让我们深刻感受到管理思想早已渗透到方方面面，它与其他学科在社会运作中相映成趣。

纵观全书，作者力图以浅显直白的语言向我们传递管理学的重点内容，虽然叙述中不可避免地涉及管理学的专业概念，但作者行文轻盈、语气诙谐、娓娓道来，尤其是作者在“管理者的工作”中展现出的写作方式，你似乎完全感受不到管理学教材那种专业化、学术化的语言形式。阅读这本书，与其说是作者向我们传授管理学的专业知识，不如说作者在同我们畅谈管理学的内容理念，它给读者留下了充分思考与领悟日常管理实践思想的余地。

总之，作为一本管理学科的通识读本，约翰·亨德里所著的这本《管理学》的确做到了一点，即兼顾了管理学的科学性与艺术性、专业性与普及性之间的平衡。著作整体表现出结构新颖、内容翔实、视野独到、观点有趣、言语亲和等特点，能够帮助广大读者更好地涉猎和把握管理学的重要思想与前沿内容。阅读本书，是一趟充实有趣的管理知识之旅，也是充满科学内涵与生活气息的思想之旅，相信读者们可以在作者的引领下，在阅读中细细去品味、去感悟、去思考、去探寻管理的真谛和智慧。最后，希望包括这本《管理学》在内的“牛津通识读本”丛书能够对丰富读者精神世界、提升国民科学素养与推动通识教育提供帮助。

目 录

前言与致谢

本书旨在将管理学介绍给以下三类人群：没学过管理学但可能有管理实践，有兴趣了解管理学“学科”的人；可能学过管理学，但从未将所学应用于实践，想要探究他们从书本上所学的东西与管理者的日常实践有多少关联的人；从未学过也从未实践过管理学，仅是对管理理论与实践好奇的人。

管理可谓博大精深。全球有数亿人受雇于各种形式的管理职务。数以百万计的学生在学院和大学中学习管理学课程。从事管理学教学、科研及发表学科论文的学者有数十万之多，可供论文发表的管理学学术期刊约有上千种。本书是一本概要性著作，甚至都无法充分探讨管理学研究的一个细小分支，但我仍尝试在书中梳理出一个框架，讨论以下问题：围绕管理展开的思考是如何演进的，相关研究如今已探索到哪一步，管理学对管理实践在过去及未来都有哪些影响。

我自身对管理的体验源于实践也终于实践。最初，我是从我父亲伊恩那里学习管理。我父亲是一名工业界的经理人，他在工作中十分关注自己的下属，对这些人恪守承诺。从他身上， xi

我学到了一点：当人们感到快乐、感恩并且相信管理者的正直与公正时，他们表现得最好，尤其在组织承受压力且绩效至关重要的时候。之后，我开始管理商学院，我希望不管自己有什么局限，都至少要设法将自己的洞察应用于实践。

从受我父亲启发到现在管理商学院，其间我还经历了工业界、会计行业、公共事业部门以及多个大学学院，最终作为一名学者研习并讲授管理学。在此期间，有许多对我影响至深的人，他们的影响以某种形式体现在本书中，其中有两位影响尤其突出，我在伦敦商学院工作时首次与他们相遇，同他们共事。一位是查尔斯·汉迪，他有关管理学和组织学的著作十分畅销，启发了数百万人。另一位是约翰·罗伯茨，他如今在悉尼大学，是我的学术密友，我们的友谊持续了将近三十年，他同时也是我共事过的最富洞察力的学术研究者。他们二位都是才华横溢的教师，虽然方法不同，但他们都能将对每个人潜能的深刻理解与对人性弱点的清醒认识结合起来。能理解人之所以为人，同时也只是人，这是理解管理（无论是理论上的还是实践上的）的核心。基于此，本书献给伊恩、查尔斯和约翰。

任何一本像这样的概要类著作都得益于许多人，既有书中梳理的作者（本书没有任何理论是自创的，错误解读倒都是自创！），也有那些一路协助本书写作出版的人。我在此特别想要感谢牛津大学出版社的戴维·穆森和安德莉亚·基根，感谢他们对本项目给予的信任。还要感谢伊斯梅尔·艾尔·阿莫迪那些激动人心的对谈以及宝贵的批评。

约翰·亨德里

剑桥，2013年1月

第一章

管理学与管理实践

引　言

在与一位朋友聊天时，约翰向朋友解释道：他夫人玛丽，要离开两周去管一个海外项目；他们的儿子皮特，要管好他那条因为踢足球而受伤的腿；而他自己就是个“管事的”。

我们一想到“管理”，脑子里最先想到的就是与工作和就业相关的事情。管理是“管理者”做的事，在企业或其他组织中尤其如此；或者我们会将管理视为管理者这个群体要做的事情，与此相对，则是不承担相应管理职责的雇员（“劳工”或“工人”）。在这种工作语境下，管理一词有着深刻内涵，涉及体系与流程的控制、事务指导、设计与实施。然而，在工作场景之外，我们经常将管理一词用作反语，暗指缺乏控制力（管好受伤的腿），或者将其等同于应付、搞掂的同义词，意指需要施加更多控制（而非建设性指导）以防事态崩溃。

这些有关管理的非正式含义出现得相对较晚。管理一词源

于拉丁语，意指驯养或驯服一匹马，该词的含义逐渐从控制马匹
1 扩展到控制武器、船只和人群，并且在英国，管理一词的含义更加宽泛。在当代，管理的含义及其与行政、指示等密切相关的概念之间存在的差别，使它不知不觉间得以跨越时空限制。在英国，管理（management）一词历来专指商业管理，涉及公共部门的管理工作则多用行政（administration）一词。从事商业管理工作的人在英国被称为企业管理人员，但在美国则按美式传统被称为执行官（executives），管理一词在美国既指管理科学也指管理实践。在法国和西班牙，管理一词依旧处于词义演进史的早期阶段，仍特指对运动员的管理，或者再广一点，指对体育团队的管理。在特指商业管理活动时则使用其他词汇，如：经营（*gestion*）、企业（*empresa*）、指导（*direction/direccion*）和执行（*administation/administacion*）等。

所有这些术语都带有极强的指示、控制内涵，这在“管理”这一术语上体现得尤为明显。“管理”一词在当代的全球通行用法吸收了传统英式用法的词义，还吸收了现在扩展到公共组织、私营企业的用法，同时还叠加了美式词义，使其得以被科学地研究和学习。所以，在全球范围内由数以亿计的管理人员（行政管理者、执行官或主管）遵循特定的管理实践。同时，与管理实践密切相关的是，管理作为一项课题被纳入学术研究，探讨管理者应当如何行事以实现效率、产量或利润最大化，每年都有数以百万计的学生在商学院里学习相关研究成果。

本书既关注管理实践，也重视管理理论。本书大部分内容
2 不仅会涉及管理者实施的指导和控制尝试，还会论述管理学家对于如何更好地开展管理工作所做的研究探讨。然而，本书的一个

中心思想是要强调：我们在开始理解管理这一概念时，不能忘记“管理”这一术语存在着诸多非正式化、反讽化的用法。的确，管理者掌握事态、下达指令，但因为管理者都是人，他们所管理的对象也都是人，这会导致事态很少按照预期发展。所以，管理实践不仅是要掌控事态，还包括处理那些失去控制（或是脱离管理者掌控）但又不得不以某种方式去处理的事情。同样的，管理者和被管理者群体都会有不可避免的失误、完全无法预料的行为，研习管理学就要考虑到这些问题，而排除这些问题也需要给出正当理由。

在管理中加入人的维度，这使得管理学研究变得异常丰富多样。与所有社会科学一样，管理学面临着严峻挑战，即：采用理性科学方法来预测那些有顽固非理性、难以预测特征的主体的行为结果。然而，与社会科学许多分支不同的是，管理学本质上是实践性的。它之所以发展出科学性就是为了应用，为了能以组织技术的形式指导实践，任何无法弥合假设与现实之间鸿沟的结果都是异常明显的。还有，人的维度也会对管理实践产生影响。概因人有失去控制、逃脱掌控的天性，作为一种实践，管理会令人十分沮丧。但也恰恰因为管理有如此难度，成功的管理总会带来巨大激励。

我们会在第二章详细论述管理实践，探讨管理是什么、管理者做什么。但一开始，我们要先做一些准备工作，先花点笔墨研究一下人具有哪些特征，以及这些特征如何与管理任务相互关联，理解这些问题有助于我们更好地理解管理。

人的境况：理性及其局限

在此探讨的一个关键概念是理性，或称为理性的力量。在

人类所有非凡的能力当中，理性的力量毫无疑问是最超凡的一
3 项。与理性相对的是感性，或称为同情心、人类的爱心，但理性定义了何为人类。理性最为显著的成果是人类在科学技术上所取得的进步：计算和通信技术、生物技术、医药学以及其他。但同样，理性也是日常生活中的一个重要方面。我们可能并不擅长使用理性，但我们大多数人都能在辩论时遵循一定的逻辑性，使得从假设到结论的过程看起来符合客观规律。我们能够对其他人的主张进行批判性评价，并做出复杂的、证据充足的判断。另外，我们还能够制订并执行复杂计划以期实现我们的目标。

这种推理能力正是管理的精髓所在。在商学院中，在商业和管理学课本中，在许多工作组织中，管理被描绘为一种完全理性的、完全技术性的活动。就这种普遍构想来看，管理者的工作核心就是理性地分析其所处的形势，并就如何处理相关事务做出理性决策。管理者认为，企业乃至其他工作组织是特定的理性实体，致力于特定的理性目标，典型的理性目标是谋求利润或股东利益最大化，或是以最低成本谋求最大收益。

对管理的理性化解读固然很好，但我们也不能忘记（人们经常会忘记）：理性有其局限性。一些学者声称，客观理性的整个概念都是神话。他们辩称：理性自身以及以此为基础的科学本身在本质上都是主观性的，是特定社会及该社会中权力关系的产物。这大概又太过极端。的确，所有的科学理论与其后的进化版本比起来都存在瑕疵和不足之处，在科学理论的演进过程中，社会的、政治的因素与理性的因素同等重要。但科学理论在预测上的非凡成就说明，如果不是从严苛的哲学意义上讲，而仅从实践层面来看，一些非常客观的事情是在起作用的。探讨

科学理性，甚至更为普遍的客观理性是十分有意义的。然而，对客观理性的批判比表面上看到的更有意义。我们思考事物的方 4
式，我们所使用的语言，我们所采用的推理方式，都受到了社会力量和政治力量的影响，其影响程度比我们能意识到的要深刻得多，本书将在第八章探讨管理所遭受的这类影响。与此同时，对理性的批判同样也提醒我们注意那些对理性力量的限制，这类限制往往不太受关注，且较少引发争议。

首先，虽然理性能够引领我们在试图理解世界的道路上走得很远，但理性未必能确保我们一路畅通无阻。以量子力学这一学科为例。量子力学能够以一种难以置信的精度来预测那些极为微小、无法被观察到的物理实体的运动，并为20世纪晚期至21世纪早期诸多最具影响力的技术提供了科学基础；但如果我们尝试去理解量子力学，去想象那些公式在物理术语层面意味着什么，我们就会陷入一种绝望的、无可救药的矛盾之中。在那种境况下，理性就会从我们身上溜走。

其次，理性还有一种令人不悦的习惯：当事态进入紧要关头，理性就会从我们身上溜走。举例来说，假设我们想要问“上帝是否存在”或者“是否存在着超越此生的事物”这样的问题时，理性就会完全坍塌。基督教领袖们声称（按现任教皇的话来说）：基督教教义就是“客观真理”。其他宗教的领袖们对他们自己的教义也有过类似主张，但与宗教领袖们相反，激进的无神论者援引科学来申辩“上帝不存在”这一主张。然而，事实上，上帝是否存在难以从逻辑或科学角度予以证明。宗教信仰证实了这样的事实：人类是理性存在，但又不单单是理性存在。当理性自身难以给出答案时，人会致力于寻求答案本身。

"上帝是否存在"这类论述最显著的特征是：每个答案最终
5 都是假设的产物，而构成假设的基础通常都是不言自明的。这种情况也同样存在于某些哲学分支的论述中，比如伦理学。在伦理学中，我们能从逻辑上证明什么是善（good）的唯一路径，就是从一些关于什么是善的直觉性假设或情感性假设出发。我们不能从无中推导出有。大多数社会科学也是如此，包括管理学，管理学涉及的行为都十分复杂，难以被模型精准描绘，我们无法用模型化物理世界的方式来研究管理学。但换个视角来看，指导我们工作与日常生活的多数推理都是正确的。

总的来看，像是分子或电子这样的物理实体稳定度高。它们不会忘事，不会犯错，不会改变主意，不会彼此坠入爱河。但恰恰因为它们表现稳定，我们才能对它们的行为进行建模、预测，并根据我们的预测来发明某种技术。但人类完全不同。我们有时可以（虽然并不经常能做到）预测他们的普遍行为或总体表现，但我们很难借助理性科学的推理来预测他们作为单个个体的行为。

理性与管理挑战

对理性力量的这种限制会带来一种相当显著的影响，不仅影响管理学的科学研究，还影响着管理实践，甚至也影响到了理论与实践之间的相互作用。让我们从管理科学开始说起。与其他任何一门科学一样，在管理学中也是理性法则占统治地位，但理性法则在管理学中的统治地位有着十分明显的妥协性。如果管理科学要达成任何有用的结论或预测，它就必须要先一步设定一些基础性的简化假设。举例而言，管理经济学假设人是彻头彻尾的利己主义者；他们唯一的目标是追求金融财富最大化；他们会动用所有手段来达成这一目标，手段甚至不乏欺诈和诡计；并且他们完全有能力实现这一点。然而，管理经济学家实际上并不相信这些假设都是真的（当然，有些人相信，但大部分人不相信！），但是，他们如果不严格遵守这些假设，他们的 6
数学模型就会分崩离析，他们也就无法预测任何事情。实际上，管理学中使用的假设比经济学其他分支学科所采用的假设要少得多，以期望能最大限度接近现实世界，让他们的理论变得有价值。

管理心理学家则按完全不同的方式开展研究，但他们的假设也多有争议。一些研究假设动机或心理发展的特定模型，另一些研究则基于大脑及其运行的各类推测模型展开。某些时候，经由洞察力导致的结果如此引人注目，以至于我们至少会在一段时间内说服自己：假设一定是正确的。但更为常见的是，心理学家的假设在凸显人类行为某种特性的同时，排除掉了其他同等重要的特性，后者可能与前者互为补充，也可能与前者差异巨大。每种理论都会揭示一些东西，又掩盖一些东西，继而形成理论特色。

说回管理，尤其是管理实践，人类理性的局限无论是在管理者还是被管理者身上都十分明显。与经济学家的假设完全相反，人的能力不是完美无缺的。实际上，人是出了名的无能力。就像我们经常说的那样，人“仅仅是人”。他们会忘事，会心烦，会分心，会犯错，会被自己的情绪牵着走。即便是最能干的管理者也要应对下属的人性弱点（如果某些特质算“弱点”的话），同时还要面对那些无法回避的环境的不确定性。管理者可能接触的信息远少于其所需，但他们永远无法获取充分信息去制订信心十足的计划。他们直面未知，很多时候需要直面完全无法预知的未来。同时，在商业环境下，他们要面对竞争中固有的不确定性。理性此时可以发挥作用。就像赫伯特·西蒙指出的那样，对不确定性的理性回应是限制你自己的研究和分析，提出
7 一些“合理的”可操作性假设，着手处理事情，而不是尝试分析你能想到的所有可能性。但仅有理性远远不够，尤其是涉及与其他人打交道的时候，最理性的路径不见得一直就是最有效的路径。

当把科学与实践结合起来，应用到管理技术或管理技巧中时，什么事情都有可能发生。有时候，管理技术背后的假设与现实足够接近而使其有用。举例来说，管理经济学的一项建议是：一般而言，应当根据人的产出而非投入给予全部或部分报酬以资鼓励，报酬可以是计件工资，也可以是绩效工资。如果你要管理的是水果采摘工，这个建议就很适用。采摘工需要钱，他们通常也能胜任水果采摘工作，同时你也能度量他们采摘的成果，你就应该根据水果重量而不是他们的工作时长来支付报酬，这会提高他们的工作效率。

如果将这一建议应用到其他一些场景中，按业绩付酬这样的管理技术同样有效，但并不是因为相关假设反映了现实，而仅仅是因为模型可套用的范围比较广，并不见得推导模型的具体假设就是正确的。举个例子，事实证明，在对雇佣合同进行解释时，我们可以用经济学的“代理理论”来解释，也可以用能力欠缺但胜在服务诚实守信这一假设来解释，两种解释路径完全相反，但得出的结果是一样的。如果不直接参与管理，你很难区分

雇员到底是懒散还是能力不足。大部分人是二者兼有，这种混合特质因为过于复杂就很难用模型来表示，但在一些特定情况下我们的假设是否符合事实并不重要：相同的处方可以治疗不同的疾病。

但是，在其他情况下，这类假设可能就完全没法应用，这项管理技术也完全不合适。比如，经济学的代理理论最主要的应用就是用来设计首席执行官和其他资深管理者的薪酬。但这类 8
人的动机到底是追求金钱还是追求做好工作所带来的自我满足感是很不明确的。然而，作为一家企业的职业经理人，兢兢业业做好工作很可能对他们而言尤为重要。在企业中需要与其他人深度合作，商业环境的竞争既激烈又充分，这都会限制他们能力的发挥。毕竟不是所有企业都能脱颖而出成为行业龙头。此外，我们付给首席执行官薪酬，让他们自己判断、自行裁决，我们就必须假设他们是值得信赖的，是有良好内驱力的。在这种场景下，假设就事关重大，在设计首席执行官的薪酬时就应假设他们是充分胜任工作的自我驱动型个人，多数大企业都是如此行事，但这势必会导致不合意的且完全预料不到的影响。

一种无法预料的影响就是当我们将强假设性的理论应用于实践时，这些假设就非常容易自我实现。比如，当社会科学家假设人是狭隘的利己主义者时，老师们就会将这种假设传播给学生，实践者在执行中也会基于这样的假设行事，如此一来，人就会变成狭隘的自利者，哪怕他们一开始并不是这样的人。这种现象在金融界表现得尤为明显，市场参与者现在都有意识地遵照金融学理论（尤其是与管理经济学密切相关的理论）的假设行事。就像是在近年来的金融危机中所展现的那样，这使得理论和实践能更好地契合，但也对我们所有人带来了极其严重的后果。

管理学尚未走到这步田地。虽然管理科学越来越多地被经济学主导，但它也大量借鉴心理学和社会学，这给经常相互矛盾的诸多假设提供了修正空间。不过，这也造成理论应用难题。管理科学一开始是被视为实践的辅助才得以持续不断地发挥
9 作用。当引入社会科学中更为基础的研究时，管理科学只对可能有用的理论感兴趣。管理科学在借用想法和概念时，极少考虑这些想法与概念的基本假设，也很少考虑它们是否科学有效。结果就形成了一个理论缝合体，内里自相矛盾、混乱不堪，这样的理论被拿来指导实践时，相应地就会造成矛盾和混乱的后果。正如我们在下文中将要论述的那样，管理学的发展史，更像是管理实践的日常史，是一个充满了必然和偶然的故事。但在讲述这一故事之前，且容我稍作停歇，问一个非常明显但少有回应的
10 问题：管理者到底应当做什么？

第二章

管理者的工作

管理学的研究著作、文章成千上万，但奇怪的是，很少有研究会关注管理者具体做什么，仅有的少数研究，其分析基础也十分薄弱。这类研究中影响力最大的是加拿大学者亨利·明茨伯格在1970年左右所开展的研究。他对五名高管展开每人为期一周的观察。三十年后，为了验证明茨伯格的结论在多大程度上能经受住时间的考验，斯特凡·滕布拉德研究了四名总经理。明茨伯格的最新研究则分析了二十九名不同资历的高管，但他与每名高管也只相处了一天，这是他2009年出版的那本著作的研究基础。幸运的是，这些研究成果以及其他主要研究成果（共计十五项）的结论颇为一致。不同学者用不同方式阐释他们的观察结果，显然，不同的时期、不同的国家文化、不同的企业规模和文化以及不同的职位资历，在管理工作的性质上都会造成一些差异。然而，管理的普遍模式看起来却十分一致。

我们可以从三方面来看待管理工作。我们可以从功能的角度问：管理者做什么工作？我们也可以从实践的角度问：管理者如何开展工作或管理实践如何？我们还可以就这种实践的成效来发问。举个很简单的例子，如果我们想要描述警长们的工作，我们也可以用这三种方式。我们可能会探讨他们在预防犯
11 罪和抓捕罪犯方面的功能；我们可以列举警长们的实践，如巡逻、写报告、维持治安、抓捕罪犯等；我们还可以强调警长们的忠诚、服务意识等素质，强调警长们能在沉闷单调与紧张刺激之间做好平衡的能力。当然，警察的工作比我们在此简略描述的内容要复杂得多，同样的，管理工作（也包含警务管理）也更为复杂。这三个维度彼此重叠又互相独立。当我们描述功能时就不能不提实践细节，或者说当我们要解释实践时就必定要探讨功能。然而，这三个维度为我们提供了一个非常有用的研究起点，便于我们展开结构化研讨。

在本章中，我们会从常规管理、解决问题以及领导力这三个功能性维度来探讨管理工作，这三个维度是从各式各样的研究成果中提炼出来的。我们借鉴了明茨伯格的最新研究成果，在探讨每个维度时采纳了他的实践分类。他将管理分为以下几种：管理者在自己头脑中所做（如，思想实验）的管理，通过信息的管理，人际的管理，通过直接行动的管理。继而，他将这些管理实践又分为三种：一是组织内部需要管理者负责的管理，二是涉及组织内跨部门的管理，三是涉及客户、供应商和其他股东等跨越组织边界的管理。最后，我们将在总结部分简要讨论管理工作的成效。本章的研究框架参见图1。

常规管理

从定义上看，管理的特质就是对组织负责，对组织内的各部

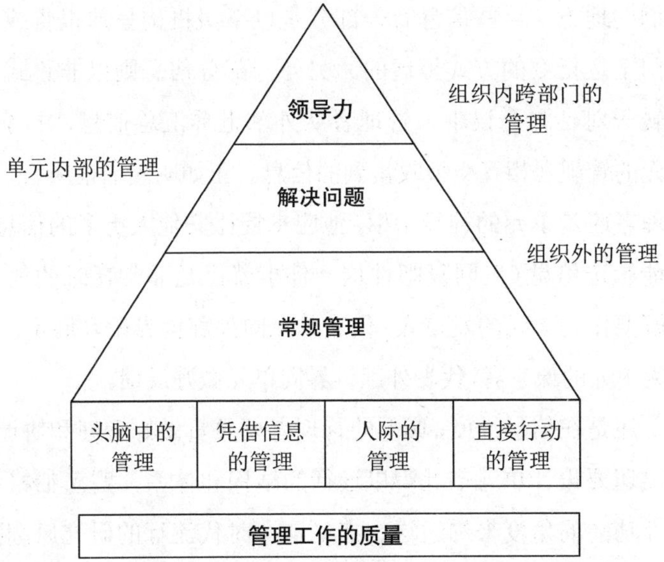

图1　管理工作的维度

门负责，对组织雇员的工作负责。组织有大有小，小至只有一两名店员的零售商店，大到有成百上千、成千上万雇员的大企业，但多数管理者直接负责管理的团队规模一般都有一个“可管理”的人数限制——人数一般在两到二十人——在这一数量级上，管理者可以直接参与团队各式各样的工作进程。所以，我们能 12
看到有销售经理、生产经理、市场经理和IT经理等相关管理人员，他们负责管理专业性工作。然后，在业务单元、经销商或区域性子公司这个层面还有总经理，他们的工作则是组织并协调不同专业团队之间的工作。

组织通过协作来运行，但协作并不是自发产生的，管理者的大部分工作都与维持组织协作相关。在信息维度，管理工作涉及监测单元内外都在发生什么事情，并将相关信息传递到需要

它们的地方。这些信息有一部分是以下级机构呈递报告或上级部门下达指令的方式呈现的。另外一部分信息则以非正式方式
13 流转于对话与会议中。管理者从外部世界汇总信息，并与其他单元的管理者相互交换收集到的信息。正如明茨伯格所言，好的管理者应是单元的神经中枢，他应掌握比其他人更多的信息，还要能筛选信息（仅回复邮件这一件事就已是非常耗时的任务）。他既要作为单元的发言人，代表单元向外部世界做好展示；又要成为单元的谏言者，代表外部世界向单元做好反馈。

还是在信息维度，典型的管理者要负责做好管理和协调，有时候还要设计单元借此得以运行的结构和体系。明茨伯格从控制性功能的角度来描述这一点。那个时代流行的研究风潮是从控制导向角度阐释管理者职责，明茨伯格的研究显然是受到这一风潮的影响。管理者分配资源，设定目标，安排任务，并授权下属去做。从被管理者群体的视角来看，这看起来就像是行使权威。从管理者的角度来看，大部分管理工作都是单纯的例行公事，在某些方面体现出这项工作最枯燥的部分：做经营决策，设定预算，写工作描述，签署文件。偶尔会有机会组建一个新团队，创设一个新项目，或者是重新筹划事情，这时候事情就变得更加有趣。但计划越成功，项目持续时间越长，卓有成效的组织也就越容易被常规工作所主导。

转换到人际关系的视角来看，在上述这些信息处理活动中，多数都涉及人际的管理。为了维持他们的信息流，管理者需要建立有效的人际网络，在多数情况下，需要同时在组织内部和外部都有人际网络。虽然当今社会已经拥有了发达的信息系统，但人与人之间的联系依然无法被取代。你的人际联系网络越完

善，你越有可能获得你想要的信息。你对与你交换信息的那个
人越是了解，信息交换就可能越有效，误解的风险也就越小。同 14
样的，你越了解人，你在协调你与他人的行为时也就越有效。

管理者的发言人角色同样体现出较强的人际关系维度。作为单元的代表，管理者经常被赋予一种社会责任，有时候甚至是一种公共责任。这涉及提倡、劝服、激励，还涉及帮助那些可能会帮助你的人。对单元的反馈同样需要这些技能，管理者不仅需要告诉人们要做哪些事情，还需要使人们深信自己所做的事情，比如，对公司经营战略或新的人力资源政策有信心。许多员工天生对别人做出的决策有怀疑倾向。举例而言，医生不信任医院，教授质疑大学领导。一线分公司、子公司信不过它们的总公司。员工普遍不信任“领导层”。要让一个组织整体有凝聚力且工作高效，管理者就必须克服存在于他们单元中的这种怀疑主义，并且成为政策和执行之间一座个人的桥梁。与此同时，他们还必须捍卫自己所处的单元及他们自身，免受来自碍事的老板、反复无常的顾客、野心勃勃的销售员无意义的外部干扰。单元管理的一项重要工作就是管理外部干扰，让单元内的员工能安心开展工作。

最后，维护并运作体系的任务大多都与人和信息有关。如果你对自己的每个员工都了如指掌，知晓他们的一些私人关系，你才能分配任务或设定目标。会议必须得到高效管理。在更为正式的组织中，必须要有效地主持委员会。管理者的职责就是确保听到正确的声音，而不是听到最吵或最执着的声音。员工的招聘、激励、审查与评估都是关键性任务，不单是因为这些工作本身十分重要，而是因为这些工作是体现管理者公正度和良

好判断力的符号化指示器。员工对这些工作的认知尤为重要，
15 这是管理者获得员工支持和爱戴的关键所在。

不言而喻，所有这些活动都需要管理者花时间去思考。老派观点将管理者视为一个坐在办公桌前、花大把时间思考的沉思者，但这与现实相去甚远。管理者确实会花大量时间去思考他们的常规管理，但他们一般会在途中做这些，比如在两场会议的间隙、在开车上下班的路上。至于说直接行动，许多管理者都会空出时间跟手下的员工一起处理日常工作，但如果他们在这些事情上花了太多时间，更大的可能是他们正在尝试回避真正的管理任务。成功的管理者经常会尝试安排一些活动，比如参加项目团队，或者密切参与其单元的一些专业性工作，这主要是为了维持他们的信息流和个人关系网。但他们经常会发现，这会让他们的日程安排变得拥挤不堪。

从诸多方面看，常规管理是管理中最无趣的部分，但也是最耗时的部分。它对于一个组织的平稳运行十分重要，许多管理者也乐在其中。它相对没有那么大压力，能让人从压力更大、要求苛刻的任务中欣然解脱出来。然而，常规管理很难带来成就感，它能以惯常的方式让你拥有一份圆满且满意的工作、一份还算不错的薪水。但它也能给人以巨大的成就感，特别是负责一个愉快且高效的团队，尤其是见证卓越工作和优秀员工被认可、被奖励的时候。

解决问题

如果说常规管理可能是管理的诸多维度中最耗时的，那么管理中最耗心力的就是解决问题，或者借用英国前首相哈罗

德·麦克米兰的名言，就是处理“大事件”。

计划外的事、意想不到的事，还有经常不希望发生的事就这样发生了。事情变糟，机器死机，供应延误，工人罢工，竞争对手 16
先发制人。无论你怎么解释，消费者就是不放心。项目超出预算，错过了最后期限。任务被忘记，或因琐屑细节而失败。在关键时刻，员工病了或者出事故了。员工会犯错，还相信其他人也会犯错。团队分崩离析，谣言满天飞。计划得非常完美，但执行时却漏洞百出，事情就是不按预期发展。

在某种意义上讲，解决问题本身也是一种常规。考虑到社会环境的不确定性、人性的不可靠性，无法避免的是，事态有时就是会趋于恶化。有时候问题是由于管理者本人的局限或错误引起的（所有管理者都会犯错，虽然他们可能不会承认这一点），有时候问题是由管理者手下员工的错误引起的。有时候错误出在部门之外，有时候根本就没人犯错，但组织必须以某种方式对错误做出回应。无论问题源于何处，解决问题的重任一般都要落在某个管理者或某群管理者肩上，组织的管理者拥有正式权力，掌握信息（他是组织的信息中枢），有开展有效行动所需的人脉资源和关系网络。

根据问题的性质，解决问题的管理可能会涉及明茨伯格模型中各种不同维度的融合。当然，解决问题需要思考，并且是清晰的思考——思考那些危机境遇中更为困难但也更为必要的问题。在解决问题时，管理者最有可能会直接采取行动，对于那些通常情况下可能被委派给下属去做的事情，这时候要亲自出马。有时候解决问题就是顶上去，代替那些因缺席或情绪而无法正常工作的员工，尤其是在把所有人手都用上的时候。有时候解

决问题需要经理具备一些额外的知识、关系网或经验，比如与难对付的客户打交道，再比如获取支持以确保项目交付或找到技
17 术性修复方案。

当问题源于一个或多个错误时，管理的人际维度就变得至关重要。关于探讨管理者如何应对错误的文献非常少。仿佛错误可能会发生的这个理念就不该有，它与主流管理学那种技术和理性的乌托邦形象格格不入，以至于主流研究容不下对错误的研究。然而，我们都知道，错误会发生，员工犯了错，管理者如何做出反应关涉管理的成败。这个错误仅仅是一次意外，你此时要不要忘记这个错误继续向前？还是说，它是一个信号，说明这个人实际上无法胜任自己的工作？在这种情况下，你就得弄清楚能不能通过培训提升他的能力来弥补错误，还是说你得按程序来，再考量一下这个人的能力？有没有故意疏忽的迹象，如果有，要不要启动惩戒程序？还是说这个人的个人生活出了问题？是工作关系问题？家庭问题？生病了？还是抑郁了？要不要提议给他帮助？还是建议他去做心理咨询？你的这些不同行为又会激起此君的何种反应？什么时候该硬起心肠、什么时候该施与同情，该如何拿捏尺度？

不同的管理者具有不同的风格，但所有优秀的管理者都需要把握自身风格带来的影响，在特例和个人特质与对公平和一致性的普遍要求之间取得平衡。在更为基础的层面，他们同样需要别人的回应。因为处理人的错误是一件困难且极具压力的事情，这总会诱使人搁置对错误的处理，把事情盖起来，幻想问题会自动消失。组织生活的一个共同特点是，当到了要采取纪律处分或要对无能力之人施加惩罚时，才会发现涉事人员多年

以来一直在犯同样的错误，但没有人走正规流程、采取行动去揭露问题，或就相关问题写出书面警告。任何惩戒都得从零开始，累犯被当作初犯对待。由于同一名经理很少会长时间待在同一个岗位上，他便没有足够的时间去审查这类流程，导致审查变成 18
了集体任务，由此带来的问题是由组织自身尤其是组织中其他员工来承担的。所以，管理中的一个关键部分是对“管理”进行管理，而不单单是处理问题。

管理者如何应对他们自己的错误也同样重要。当然，有些管理者纯粹就是一点错也不想认，一有错就归咎到别人身上。虽然推卸责任在短期内对他们的事业有好处，但这并不是有成效的管理。当然，管理者一味地沉溺于错误之中也是不可取的。应对失误的诀窍很简单：让损失最小化（要确保无辜者免于责罚），最大程度吸取教训，以能让组织利益最大化的方式行事。但这么说容易，要做到却很难。我们会在第九章详细讲述这一点。

若错误来自单元外，管理者在应对时便要加倍小心，外部错误会诱导你抓住机会归罪他人，但这并不总是最有成效的前进之路。管理者的人际网络、社会关系乃至政治技巧都将在此处派上用场。管理的任务是解决问题、继续前进，并且正如一般在政治中的那样，这经常需要谨慎的妥协、外交式沉默和慎重的过度自信。

领导力

管理者要有能力迅速克服一堆错误、避免相互指责，让所有人再度齐心协力向前看。这既是领导力，也是管理能力，我们通常将这两者混为一谈。长期以来，关于领导力和管理能力之间的关系就一直争论不休。一些在领导力研究上最有影响力的学者，一直尝试想要严格区分领导力与管理。比如，沃伦·本尼斯就宣称：“领导者是那些做正确事情的人；管理者是那些把事
19 情做好的人。”从这个概念上讲，领导者是为组织设定战略和方向的人。管理者是执行既定战略的人。然而，本尼斯同样也批评领导者，他认为领导者已深陷常规管理中难以自拔。而其他著名学者，如哈佛商学院教授约翰·科特和亚伯拉罕·扎列兹尼克，则批评管理者沉溺于常规管理。许多管理学经典著作在某处标题中都会使用“领导力”一词。如此看来，领导力一直是管理的重要部分，也是必要部分，特别是涉及驾驭变局时。但无论在管理实践还是管理学理论发展中，领导力通常都处于被忽视的状态。现在很难再说领导力在管理学的演进过程中被忽视了，毕竟有些商学院看起来除了培养领导力以外什么也没做。但要将领导力融入管理实践，依然面临很大挑战。

领导力和管理这二者间关系的历史与组织结构的历史紧密相连。五十年前，多数大型组织，无论是私营机构还是公共部门，都是死板的科层制组织结构。在科层制组织中，把握方向被限定为最高管理层的专属功能，在商业中高效竞争、在公共部门中有效服务所需的知识和理解力，是在漫长的时间中逐步添加到组织系统和流程中的。这些组织被设计成追求稳定性，它们的管理天然被常规事务所主导。

但在过去的四十多年间，全球化竞争和大量先进信息技术的出现，使得这些大规模商业机构日益受到更快、更敏捷竞争对手的蚕食。当今社会的商业企业在组织设计时要同时考虑变化性和稳定性，这造成的一个后果是让既有的科层制结构变得日

益松散。所有的公司都保留着一定的科层结构色彩，大多数战 20
略设计和总体方向性规划，依然是由首席执行官或高管团队负责，至少在形式上如此。但在组织中，科层制骨架现在叠加了柔性网络和自组织项目组，而不单只有传统的官僚办公室。与此同时，企业和雇员之间的心理契约也在发生变化，从基于长期忠实服务给予回报的心理契约，转向基于短期绩效奖励的心理契约。同时，在效率提升这一需求的驱动下，公共部门组织变得越来越像商业组织。

要了解这些变化对管理的领导力维度所造成的影响，可以参考约翰·科特对高能效领导力的三大流程分析：

1. 确定方向。描绘未来蓝图（通常展望的都是遥远的未来），同时要为实现这一愿景制定变革性战略。

2. 协调员工。将确定好的方向传达给那些潜在的伙伴，这些人可能就是助你打造同盟的盟友，要让盟友们理解你的愿景并致力于帮助你实现愿景。

3. 激励鼓舞。尽管存在政治的、官僚的甚至是资源上的巨大障碍，但依然要通过诉诸那些非常基本但经常是尚未被开发的员工的需求、价值和激情而让他们朝着正确的方向前进。

过去，一个组织单元会为自己设定方向。尽管情况可能依然如此，但在当代组织中，它可能只是强加的产出，完成绩效目标。因此，需由管理者设定单元的方向来实现那些目标。在传统的成熟科层制机构中，协调员工的大部分工作都是通过正式程序实现的，如用协议、手册、工作描述等，或者是通过深植于组
织中的文化来实现的。在更为灵活的组织中，工作并不是被定 21
死的，员工在不同团队中快速切换，管理者有更多工作要做。而

且，无论处于稳定期还是变动期都是这样。科特在20世纪80年代面对的问题并不是如何协调组织内部的员工（在这一点上科层制已经做得非常好了），他面对的问题是如何把员工调整到一个新的方向，以对抗组织中根深蒂固的保守力量。他强调激励鼓舞，聚焦于克服变革的阻力这一需求。摆在当今管理者面前的问题是，在快速的组织变动及雇佣条件影响员工个人利益的情境下如何让员工保持完全一致。即使让一个团队待在一起足够长的时间去完成一项工作都变得艰难，因为员工是通过从一个团队跳槽到另一个团队来谋划自己的升迁的，他们尝试在正确的位置、正确的时间抓住下一个晋升的机会。激励人、鼓舞人变得比以前更为重要，也更加艰难。

设定方向，传达这些方向，建立同盟，激励鼓舞员工，既是管理的一部分，也是领导力的一部分，保守来看，这些就是管理的全部，是常规管理的全部。然而，激励并维持一个高效的团队或组织，引导他们渡过由“大事件”带来的危机是一回事；在需要的时候激励他们，让他们超越自我，打破固化的舒适圈，投入那个他们自己内心可能都不相信能改变的事则是另外一回事。二者存在不同。尽管现在对高效能领导力的要求是简单地维持局面，让人们劲往一处使，而不是只关注自己的个人目标；但当变局到来时，尤其是当组织正在形成或重组时，则是最需要领导力的。

惯例、习惯和组织文化是我们应对复杂性、不确定性的一种方式。虽然无法弄清楚每天会有哪些新东西，但我们会找到固定的模式去应对全新的每一天。不仅因为这些模式是基于过去的成功，也因为这些模式本质上与生存技巧相关，所以极其难以扭转。无论是在组织层面还是个人层面，本性都很难转圜。但世界是变化的，要维持成功就必须要随变化而改变。对领头的管理者而言，关键是要倡导变化、管理变化，释放能量让员工摆脱既有的稳定状态，利用变化促进员工发展，使他们养成新习惯，让新文化替代旧文化。

管理工作的特质

时至今日，显而易见的是，管理者的工作看起来更像是某个人日常生活中的“管理”工作（就像我们在开篇提到的约翰那个例子一样），而不再是传统的控制型经理的形象。正如我们在前文提到的，管理者面对的挑战是超越处理杂事，对管理本身进行管理。一名高能效管理者是有掌控力的，尽管他的控制力不那么绝对，且经常是不明显的。但她施加控制的方式以及掌控的局面更像是疲惫不堪的父母，小孩在哭，狗在叫，电话铃在响，快递来了，客人到了，电路跳闸了，她要同时处理所有这些事情。

探讨管理工作的特质最有力的是研究新上任的管理者，他们很快就发现管理工作跟他们原来想象的完全不一样。另外，从管理者如何分配他们的时间这一基础数据也能看出管理工作的特质。多数研究都认为，管理者将他们的大部分时间花在了开会上，开会耗费了他们三分之二的时间。剩下的时间，管理者主要用来打电话、会议间的旅行，或者按现在的习惯来看就是收发电子邮件。坐在办公桌前工作的时间很少，管理者更多时候是在家而不是办公室里写报告、看报告。管理工作高度灵活、高度碎片化，一天中要处理多达三十或四十件不同事务，重大事务和平淡琐事交错在一起，毫无规律可言。管理者要能以惊人的频率转换心情和行为模式。

管理工作也是十分灵活的。因为有如此多的诉求侵占管理者的时间，所以他们的日程通常都安排得非常满，但为了应对新需求，管理者的日程经常变来变去。修改日程极其消耗时间。明茨伯格在四十年前就观察到管理者极其努力地工作，毫不松懈，但他们每周的平均工作时长是四十五小时。在滕布拉德最近的一项调查中，管理者同样毫不松懈，但每周工作七十二小时。我自己的研究显示，这个工作时长是高管的工作常态。实际上，最高层管理者经常是尽可能地将时间花在工作上，他们往往也意识不到工作时长越来越不正常。另外一些新近的研究显示，即便是中层管理者，每周花在日常管理上的时间也有五十到六十小时。

管理工作无法松懈下来的本质是，它既难以明确，又没有边界。这在对新上任管理者的研究中体现得尤为明显，比如琳达·希尔、托尼·沃森和宝林·哈里斯的研究。这些新上任的管理者此前都习惯于明确（通常是从事专门的行业和职业，或有特定的任务和责任）和有界限（你完成一项任务后再接着进入下一项任务）的工作，但上任后他们立刻就发现没人告诉他们该做什么，随后又会发现没人告诉他们不该做什么。管理工作的一项最显著的特征是，它永远没有完成时。要做的事情，永远都比你能做完的事情多。

这在当今更为灵活的组织中尤为常见。拆掉官僚办公室的普遍做法，同样也拆掉了管理者的责任边界。那些还没有转换到灵活结构的公司也倾向于减少它们的管理层级，给它们的中层管理者施加更大压力的同时也限制了他们的职业晋升前景。

所有这些工作不可避免地影响了员工的家庭生活和普遍幸福感，这也导致当今许多经理人发现他们的工作压力巨大，让人筋疲力尽。但其他许多人——经常是那些运气爆棚而拥有好上司的人——发现新的变化能让人振奋、充满意义。话又说回来，管理真的很像当父母，对于那些同时也是父母的很多管理者而言，管理就像是你在有了自己家的同时还要做另一份家务、管另一个家。我们会在第十章回到这个问题上，探讨管理工作需求中一些道德层面的问题，但接下来，我们要回到管理思想和实践的演变上，探讨管理学理论如何一路发展下来，出现了哪些建立在理论之上的管理技术，以及理论如何对管理实践施加影响。 25

第三章

管理与权威

管理、权威与胁迫

最古老、最简单的管理方式，是告诉人们做什么并确保他们完成工作，如有必要还需通过使用暴力或威胁使用暴力来迫使人们完成工作。胁迫式管理在许多发展中国家和多数新兴经济体中依然十分常见。即便是受到各种法律限制，胁迫式管理在随处可见的小企业中也是常态。老板下达指令，员工按被告知的指令行事，如果员工不听从老板命令就要承受各种苦果。

最早期的管理学植根于两种类型的组织中，这两种组织在形式上都是科层制。一种组织是大家庭、王室或庄园，其中要管理的人包括仆人或奴隶、农业工人以及少数专业技工（厨师、兽医等）。另一种组织是军队，或者是与之相比规模较小的商船。

这两种组织传统上都依赖一种权威与胁迫的结合，“管理者”被授权（由团体或同辈群体授权），“管理者”不仅能发布指令还能够实施体罚，代表群体实施惩处。进入20世纪，哪怕是在最“文明”的社会中，不听从指令的士兵和船员仍会遭到鞭笞，在极端情形下还有可能被处决。在第一次世界大战中，不服从 26
命令或者擅离职守，在交战双方阵营中都是死罪，这种规定依然保留在当今一些军队的军纪中。在船上，一旦行驶到公海，基本没有逃生的机会，此时的暴力威慑就极具成效。

在王室或庄园中，传统上是通过奴隶制或契约劳工制行使权威，对体罚的恐惧近在眼前。即便劳工名义上是自由的，但他们依然受到严格的约束。举例而言，薪酬主要是以实物的形式给付，通过提供食物、住宿的方式付酬，这意味着劳工几乎没有可能辞掉工作换另一份工作，从原来的雇主那里离开时如果没有好的推荐很难找到工作，就像经典的“第22条军规”的情况。与军事环境类似，体罚是一种常态，自由劳工与奴隶如果不服从命令就会遭受毒打，有时哪怕服从命令也会遭到毒打。

在发达国家，奴隶制在当今已被取缔，但它依然存在于贩卖妓女和家奴这种隐秘的地下世界中。然而，契约劳工这种“奴隶制”形式在发展中国家依然十分普遍。据凯文·贝尔斯估算，在2000年，全球仍有超过2700万人在奴隶制状态下工作，遍布在印度、巴基斯坦、孟加拉国、泰国和巴西等国。

在泰国和许多其他国家，十几岁的少女被她们的父母以一部电视机的价格卖给中间人。合同中规定，中间人的支出从女孩们的收入中扣除。这些姑娘被送往青楼，被强暴、被虐待，她们的收入永远偿还不清债务。因为青楼老板买通了警察，逃跑是不可能的，暴力已成为地方风气，这些姑娘一直工作到被完全
榨干为止。 27

在巴西，年轻人被高薪工作的许诺所吸引。被驱赶至密林、大木炭场之后，他们才被告知自己身负债务，要给这些带他们到目的地的人偿债。身无分文，“债台”高筑，他们的身份证被没收，逃跑也毫无可能。这种体制也是一种暴力胁迫。

在巴基斯坦的砖窑，一家老小都受雇于此，挖泥、制砖，一开始欠下的债务有时候会代代相传。在印度，封建领主掌管着百万农业工人的生活与工作，借助这种安排，他们欠地主东家的债永远还不完，代代延续，雇主付的工资仅供他们糊口。

胁迫式管理不仅仅局限在债役工和军队。如果有数以千万计的人以奴隶方式工作，那么必定有数亿人承受着体制性的压迫与体罚恐吓。虽然人权和劳工保护法不断普及，但在这个世界上，许多工厂的运行依然需要铁棍。受困于经济需求且没有更好的选择，许多工厂劳工背井离乡，投身于快速扩张的城市，经常住在公司所属的宿舍里，许多工人在经理的手下忍受日常虐待和威胁。在许多小型组织中，管理者甚至是不假思索地采取胁迫手段。他们发布指令，如果指令的执行不能令他们满意，他们就会吼叫、生气，再次下达指令时就加上威胁。就好像坏工匠总是怪自己的工具，当事态变糟后他们会责骂自己的雇员，这些雇员本质上被视为工具。老板们从来不会想到要质疑自己。

合法权威

但权威的运行并不一定是胁迫性的，即便是胁迫性的，在形式上的表现也是多样化的。在20世纪早期，现代社会学的奠基人马克斯·韦伯，认定并区分了三种形式的“合法权威”，这三种权威是一个社会群体中基于群体理性和合法性所展现的权威形式。

在韦伯的分类体系中，第一种类型是传统型权威，它建立在对长久存在的传统的神圣信念之上，特别是建立在行使权威的那些人的社会身份所具备的合法性上。最为明显的，诸如国王对其臣属的权威，世袭地主对其庄园的权威，或者是父亲对家庭的权威。

第二种类型是魅力型权威，它建立在对特定个体的人品的钦佩及由此带来的对该个体的忠诚，以及对该个体宣告的规则、规范的服从之上。这里的例子包括了诸如鼓舞人心的传教士、教派领袖、叛军首领、战场上有超凡魅力的将军或魅力非凡的企业家等所展示的权威。虽然就像韦伯指出的那样，魅力型权威有时候能传递到被挑选出来的继承人身上，但它是特殊性的、个性化的。

第三种类型是理性权威或法理型权威，它建立在接受规则的法律基础，并接受被正式任命的人有执行这些规则的权利之上。这是一种被国家官员和其他公职人员行使的权威，从逮捕罪犯的警察到要求保持安静的图书管理员，这些人都在行使这一权威。它是武装暴力权威的基础，是遵从理性设计的组织的管理者权威的基础，组织成员接受这种指挥结构。在管理语境中，这种权威也是科层制的基础。

韦伯强调，这些都是分析的“理想型”，在现实世界中往往会有不同类型的混合，以及自愿合意和强制执行权威的混合。一个简单的例证可以在那些出身上流阶层的军事长官身上看出 29
来。这样的人作为特定军阶或职位的持有者行使理性权威；在由社会下层人士组成的部队官兵的眼中，他有传统型权威；基于他自己的个人品质，他又拥有魅力型权威。如果换一名军官的话，在缺乏魅力型权威或传统型权威时，他可能主要倚重与他的职位相关的理性权威，同时借助暴力威胁或使用暴力来支持自己的权威。如果无法从士兵那里得到爱戴和尊敬，士兵对他就只有理性的默从，他可能会诉诸恐惧。

关于合法权威如何与胁迫结合，作家塞巴斯蒂安·福克斯在他的小说《鸟鸣》中给出了一个富有洞察力的例子。小说设定在第一次世界大战之前及战时，展示了暴力的相似之处。其中有一个角色，日常在家对老婆拳脚相加，在工厂里用暴力镇压厂里的工人，在战壕里对应征入伍的士兵施加暴力，但他自己也被更高阶的军官跨级调派去送死，前路莫测，他们若有反抗便会在牧师的见证下被处决。小说中每个场景都刻画了暴力，暴力不是对合法权威的反抗或替代，而是借其社会化的合法性成为权威的一部分。丈夫对妻子的传统权威中包含了打老婆的权威。工厂主的权威则是传统权威与合法权威的结合，包含了暴力强制员工服从的权威。军官的合法权威结合了神职人员的传统权威，能光明正大将人们派去送死，这些人的死没有丝毫意义。在当今许多社会中，这类暴力已不再被视为正当的。暴力被认为是对合法权威的滥用，而非执行合法权威。然而，在其他很多社会中，对合法权威的滥用并未有所改善。

第一代工厂管理者，即那些在19世纪早期工业革命时期管理工厂的人，要么是工厂主的家族成员，要么是低于他们，因为忠诚和严明纪律的能力而从工人中拔擢起来的监工。这种人事安排在许多发展中国家依然是主流，管理权威往往是混合了三
30 种权威，传统型权威、魅力型权威和正式结构结合所带来的局限

往往由胁迫来填补。

行政化权威

不同类型的权威在实际运作时存在混合趋势，这在理性权威占主导时尤为明显，从历史经验上看，理性权威就是传统型权威和魅力型权威这两种简单权威的混合形态，理性权威回应了前二者的局限性。比如，军官军阶的理性权威不仅仅是理性共识的结果，还因为该权威源于国王或国家的传统型权威。

传统型权威、魅力型权威都相对简单，它们都面临规模和距离的限制，权威主体不能在同一时刻分身各处，在缺席时就必须借助他人来实施。这时就需要授权，但在简单等级制下的代理授权只能实现传达功能。权威的大范围行使还需要有监督机制，以确保任务被恰当地执行，且任务的执行具备一致性和稳定性。这就需要有最基本的行政管理技术和会计技术。

权威执行面临的诸多挑战古已有之。比如，设想一下，在古代管理古罗马军队，或是跨越帝国疆域去收税。罗马帝国疆域北起苏格兰、西接摩洛哥、东南至伊拉克。在16世纪和17世纪，英国和荷兰的东印度公司，这些国家资助的私营公司，需要跨越更远的距离来从事商业和管理贸易殖民地。为了有效运作，这些组织发展出日益复杂的会计和审计制度，将管理者和契约劳工分开管理，导致每个特定的部门都有其自身功能和规范章程。在19世纪，庞大的海外帝国和国内公共服务的管理需求，促进 31
了会计学、统计数据收集和应用的进一步发展。同一时期，在铁路、电话和大规模生产这些新技术的支持下，制造业企业在地理上变得十分分散，这为企业管理带来了类似的挑战，同时也塑造了一批以专业见长的工程师经理人，这些经理人都偏好理性设计的解决方案。

科层制

马克斯·韦伯对科层制阐述得如此精妙，以至于许多人误以为是他发明了科层制，也误以为20世纪科层制组织就是建立在他的模板之上。事实并非如此。没有哪个管理者在实践中遇到问题就跑去请求韦伯指点，等到他的经典著作《经济与社会》在他去世后出版时，已经是1922年了，无论是在公共组织中还是在私营机构里，科层制已经成为大规模组织中确立已久的规范。即便如此，韦伯的分析依然值得重视，他对科层制管理的核心特征描绘得十分清楚且极具洞察力。按照韦伯的分析，科层制具备以下特征：

- 科层制的基本构成要件是办事处或办公室，它既是一份工作（以管理工作为典型），也是一个部门、一个物理场所。举例来说，我们如果用韦伯式框架讨论“总会计师办公室”，那么，我们不仅是在说拥有“总会计师”头衔的那个人所从事的工作、所担任的职位，我们还在说由“总会计师”负责或管理的那个执行相关功能的部门，同时我们还在指代他们工作的那个物理空间。
- 科层制的特色定义指的是部门管理者的权威来自职位（正式的工作头衔），而不是来源于他们的个人特质、个人魅力或地位。在科层制体系下，存在着一套理性设计出来的正式规则，决定了每个部门的功能、司法权能和权威。规则是根据效能和有效性的理性标准而非传统来确定的，部门规则完全独立于任何特定时间段内掌控部门的那个人。

- 科层制的最主要特征是将组织的理性工作与组织成员的个人生活严格区分开来。按照韦伯的分析，最重要的一个标准就是根据对个人能力的理性判断来填补职位，人的能力通过竞争性考试和技术资格来证明。个人品质、社会地位以及人脉网络，在韦伯式科层制下是没有位置的。同时，还将组织的所有者与组织分开，将组织工作与个人生活明确区分开。为确保部门免受个人干扰，部门的所有者必须是全职员工，有养老金，有升迁机会，可以保留终身职位，工作时严格地遵从部门规章制度，在工作之外又能完全自由地过自己想要的生活。
- 科层制的其他突出特征还包括明确的等级制度，部门之间的关系、人对人的权威被明确界定，针对整个组织还有它的每个部门都有成文的系列规则、规范和程序。

韦伯注意到，在纯粹科层制逐渐显露的同时，在许多大型科层制组织中依然包含着个人或传统的权威要素。举例来说，职位的任命很少是基于纯粹理性的。然而，从科层制的纯粹性或“单一”形式上看，韦伯认为，科层制“在精确度、稳定性、纪律的严格性和可靠性上超越其他任何一种（组织）形式。因而，对于组织管理者和其他相关人员而言，管理结果的高度可计算性是可能的。科层制在集约效率和运营范围上都更优越，科层制能够被正式应用来处理所有行政事务”。

另一位现代科层制管理的伟大倡导者是亨利·法约尔，他是一名采矿工程师，其职业生涯的大部分时间是在大型钢铁公司担任董事总经理。1916年，七十岁的他在即将退休时发表了一篇关于“工业管理与一般管理”的长篇论文，这篇论文后来以图书的形式出版，1949年又出版了英文版的《一般管理与工业管理》。他主要是探讨自己的经验，以及应用普遍工程原理来解决管理中遇到的问题，基于此，法约尔提出了管理的十四条原则：

1. 工作分工。

2. 权威与责任。优秀的管理者能够将源于他所处部门的正式权威，与基于他个人技能、经验、道德价值等的个人权威结合起来。

3. 面对权威时员工的纪律。纪律也是组织的一部分要求，但管理者也应配得起这份纪律。

4. 统一指挥，或者说要有明确的等级结构。

5. 统一领导，领导要贯穿整个组织。

6. 在公平、同意及监督的基础上，个人利益要服从整体利益。

7. 薪酬要公平，要与任务和环境相适应。

8. 集权或分权，要视情况而定。

9. 权威要梯级递进，但也不能妨碍层级之间的沟通。解决问题要及时有效，下属之间的直接互动应始终经过他们直属领导的授权。

10. 秩序：既包括“人人都有自己的位置”，也包括“把对的人放在对的位置上”。

11. 公平待人，将善意与正义结合。

12. 人员的任期要有稳定性。

13. 在纪律框架内，要发挥各方面的主动性。

14. 团队精神：和谐、团结并且有共同目标。

虽然法约尔与韦伯的理论来源完全不同，但法约尔对管理原则的阐述与韦伯对理性科层制特征的分析有相当大的重合。与韦伯相比，法约尔最大的不同之处在于，他是实践派，是经理人，灵活性更强，尤其是在薪酬方面灵活度更高，他给管理的人性方面留有更多空间。

管理的尺度

管理如何应对自身面临的挑战？管理史学家通常会区分出两种不同路径。第一种路径是理性的。组织在某种意义上被视为机器，管理的主要任务就是设计、建造并维持这台机器运转。在这种思路下，员工要么被视为机器中简单的齿轮，要么被视为经济模型中一个原子化的个体，单纯受经济性个体利益所驱动。另一种路径则是从有人情味的、有机的或规范的视角看待组织。组织被视为一个由人际关系链接在一起的有生命的机体，员工被认为具有复杂且相互联系的需求与动机。在这种思路下，管理的主要任务就是释放员工的个人潜力，组织的获益恰恰源于这样一个事实，即：员工不单单是机器上的齿轮，也不仅仅是自我利益效用最大化的一个原子。

按照以上区分，科层制被普遍视为理性管理的一种范式。韦伯自己将科层制组织描述为机器，并认为科层制的优势在于能消除个人或人际关系对组织决策产生的扭曲影响。在其他的研究中，遵循滕尼斯对社区和社会的区分，韦伯区分了关联的和公共的社会关系，这二者分别基于互助的自利和强个人纽带。

35

在这一语境下，韦伯式的科层制明显是建立在关联性模型基础之上的。

在20世纪的大部分时间里，这套体系运行良好。然而，它倾向于将两个稍有不同的维度融为一体，这导致了部分混乱，特别是当我们审视当代管理的论争时感受会尤为明显。因为，科层制一直以来有着类机器属性，高度发达的科层制主导着20世纪的管理实践，科层制既依赖公共关系，也依赖关联关系。它的理论依据可能本应是建立在互助的自利基础之上的，但科层制组织的实践道德，就像是它们所嵌入的等级制社会一样，是基于压制自我利益以求得对作为整体的社群负有共同的责任感。从这一点来看，法约尔的模型强调个体利益从属性、公平和团队精神，展现了科层制在实践运行中的清晰图景。更为重要的是，当科层制在20世纪后半期遭受严厉批评时，批评声浪中的一个主基调就是，科层制移除了个体责任感，抑制了个体事业心。21世纪强调事业心、企业家管理，这代表了对僵化科层制的拒斥，同时也代表对自利的重申。

在接下来的章节中，我将从三个趋势（而非传统的两个趋势）来梳理管理理论与实践的相关讨论：以科学管理、管理科学和目标管理为代表的理性化趋势；以强调人际关系发展、企业文化管理和领导力管理为代表的社会化趋势；以及以企业家管理和绩效激励为代表的个性化趋势。

韦伯谈到他对权威类型的分析时说，“那种认为具体历史现实在整体上能够被概念架构所穷尽的想法已经发展得如此之远，以至完全背离了研究者最初的预设”。但本书在此所采用的概念架构依然以务实为要。目的是以一种有序且我希望是有用的方式简单强调管理的特定方面，而不是提供一种所有方面的分类学。本书所论及的所有三个方面，几乎在任何一个当代组织中都能找到，正如我在第二章中对管理实践的回顾所表明的那样，这三个方面在所有管理者的工作中都能找到。 37

第四章

合理化管理

除了在上一章中总结的管理原则外，亨利·法约尔还提出了一种管理定义，该定义包含五个逻辑上且顺序上相关联的要素：

1. 预测与计划：制定目标，对如何实现这些目标进行规划；
2. 组织设计并整合人员与资源；
3. 指挥，或者指出行动的方向；
4. 协调不同的行动；
5. 控制，设定必要的监督、检查和纠错方案。

该定义经受住了时间的考验，它的影响绵延至今。但这一定义体现的是一种独特的工程学视角下的管理。负责生产特定制品或产品的工程师，设计、操作并且维护机器，设置协调和控制程序以确保机器能够根据原始指令平稳运行。当然，法约尔是受过训练的工程师，毕业于久负盛名的巴黎高等矿业学院，大多数19世纪晚期至20世纪早中期的工业界经理人都有着相似
38 的背景。然而，法约尔敏锐地注意到了管理中人的维度，以及它

可能带来的价值，但当时许多工程师经理人更关心的是如何消除它。这在当时的美国比较典型。美国那时候工作条件十分恶劣，对外来劳工又很依赖，人们认为酗酒习性和社会主义思潮这些非美国习气相互混杂共同导致了19世纪晚期持续升级的劳资冲突。其结果就是酿成了一场社会运动，最初被称为系统管理运动，但在1911年弗雷德里克·温斯洛·泰勒——像法约尔一样的钢铁行业工程师经理人——出版了一本有重大影响的著作后，这场运动便被称为科学管理运动。

科学管理

泰勒和他的后继者们相信，运用科学原理去设计和规划工作与组织，能解决大部分工业管理的问题。他们的部分目标是消除低效，另一部分目标则是借助基于理性共识的协定替代工人与管理者因不信任而导致的敌对关系，这特别依赖于理性科层制模式，韦伯在几年后勾勒出了该范本。科层制的出发点是建立在经济自利这一假设之上。工厂主想要利润最大化，工人想要工资最大化。在最有效的系统中，工厂主和工人都有自己的理性自利诉求。

泰勒认为，效率最大化的第一步是工作效率研究，或是设定一套时间-动作练习，用以计算如何使工作完成得最有效。这涉及劳动分析，将其按照不同的可能性拆解为专门化的任务，优选工具和机器，完善操作它们的肢体运动，假设工人能够较好地适应相应的专业任务。然后，将优化后的体系进行编码，使其成为标准操作，以绝对正则性予以实施，如此一来，整个工作场所就会像机器一样运转。工人被按照技巧和强项挑选出来执行每项特殊任务，并接受训练以遵循标准化程序。他们将根据科学设定的合理绩效水平（假设他们都能很好地适应任务）获得公正的报酬，同时引入激励薪酬奖优罚劣。雇主和雇员都会受益。

泰勒的方法可以应用到最简单的任务。他用铲子和砌砖的例子来说明人们比想象的要更愿意接纳改进。同时，他还以棒球这种需要煞费苦心分析的运动为例，来说明运用科学推理能提高表现。这一方法还能够应用到更为复杂的机械化运营，甚或是管理本身。在泰勒体系下，管理的首要作用是设计、执行和监督运营，这非常依赖工程模型，但管理本身依然是机器的一部分。科学管理的关键特征是，管理者在工作过程中的参与度比通常认为的要更深、更直接，因为对过程的分析、对工人的选择都是持续性的，不是一次性的，目标是不断改进。泰勒还建议应将管理本身看作体力劳动，按照专业功能对管理进行科学拆分，这与韦伯对理想科层制的描述十分相似。

泰勒的著作以及同时期哈林顿 · 艾默生、亨利 · 甘特（甘特图的发明人，甘特图在今天依然是项目管理的标准工具）等人的著作在当时有着巨大的影响力，并持续至今。科学管理原则在应用时也不是每次都能符合其预设精神。例如，许多雇主使用

“工时-动作研究”来增加工作负荷，却不提供任何相应奖励。工人们在业绩不达标时可能会被扣工资，但超额完成任务时只会获得很少的额外报酬，甚或没有额外报酬。在泰勒的理念日益流行的同时，福特率先在制造业中应用机械化生产线，通过强制执行工作效率和工作日程，使人力使用更加有效，实现了巨大的效率提高。工人不得不配合生产线的速度来工作。科学管理的应用还与雇主和工会的斗争紧密相连。在工程师经理人的指引

下，雇主利用更有效的流程会增加收入这一前景诱使工人脱离工会，而工会则坚决抵制所有增加工作指标的企图。

在泰勒去世四十多年后的1959年，由彼得·塞勒斯饰演工会代表的英国电影《我很好，杰克》，使公众注意到“工时-动作研究”及围绕其展开的政治争夺。彼时，科学管理作为一种理论研究方法早已过时，但该理论背后的基础理念及其高超的管理技术却深深植入管理实践之中。实际上，科学管理的影响依然在持续增长：在美国大型制造企业中老旧过时的东西，却在美国之外的小公司中扎下了根。从那之后，理论风尚来回变幻，但以专业化管理职能来设计、监督工程化工作流程已经成为管理实践的一个恒定特征。由管理产生的紧张态势也面临挑战，工人不再将效率提高视为理性共识的产物，而更多地将其视为强化剥削的手段。

管理科学与系统工程

科学管理的一项早期成就，就是1908年新设立的哈佛商学院将其作为专业管理学教育的基础课程。这一举动背后的潜流 41
是20世纪后半叶变得持续重要的两种观念。一种观念认为，管理者理应是他们领域中接受过大学训练的专家；另一种观念则认为，这种训练理应建立在受人尊敬的理论基础之上。哈佛大学借鉴法学的案例研究教学法，学生们在课堂上讨论真实商业场景中应该做什么、怎么做决策，而机械工程学为这种学习提供了学术基础。

虽然许多大型美国高校在19世纪晚期至20世纪初期开设了商学院或贸易学院，但它们培训的学生数量相对较小。在第二次世界大战之后的几十年间，商学院的招生人数大爆发，在那一阶段，高校自然而然地将它们的正统性建立在当时的科学与工程学之上，特别是那些在战争期间及冷战时代发展起来的政府实验室。这一时期的新方法被称为管理科学。

管理科学以系统工程为基础搭建核心学科规范。系统工程吸收了数据处理技术的研究成果（20世纪50年代开发出了第一台商用计算机，到了20世纪70年代商用计算机已经开始普及），还融合了数学的运筹学方法，如线性和非线性规划、网络分析、排队论、仿真技术、决策分析等。理论交汇的结果是，这些技术开启了一种将科学管理带上新台阶的可能性，借助更为复杂的科学预测方法，精细分析不再单纯依赖观察，这极大地增强了监测与控制的系统性。在20世纪60年代和70年代，管理科学与金融、统计一起变成了管理学教育中公认的基础学科。

但风潮总是昙花一现。举例而言，线性规划的数学分析很

少被普通经理人拿来应用于实践。此外，随着商学院学位需求的增长（同时教育标准普遍下滑），人们很快就发现，管理科学对于大部分学生而言难度太大。在企业和公共部门组织中，管理科学经常被视为专家型员工的职责，旨在为运营设计提供分析性支持，但管理科学并未被纳入一线管理的职能之中。20世纪80年代，管理科学已经变成了管理学位中少数专业人士的专长，这种状况一直延续至今。同样的还有系统工程，系统工程变成了功能性专业知识，而非普遍性的管理工具。

然而，管理科学的发展对管理实践产生了显著影响，其影响表现为管理科学通过重新强调更“科学的”方法使管理实践吸纳了一系列技术，这些技术未必一定是基于科学的，但通过对合

理性和有效性的普遍诉求而被证明是正当的。在本章剩余的篇幅中，我们将探讨其中一些最有影响力的技术。

目标管理

在诸多新技术中，最早也最有影响力的一项技术是目标管理，它由彼得·德鲁克在20世纪50年代中期提出，1965年乔治·欧迪旺在《如何管理》的小册子中提出了成形的理论。德鲁克是20世纪后半叶以来最具影响力的大众管理学作者，被公认为科学管理学的创始人。他的研究方法与法约尔并无不同，也是基于与观察和常识相关的普遍理性原则，并不是建立在某种特殊理论之上。与法约尔一样，德鲁克总结出管理的五大构成要素。在德鲁克看来，这五大要素分别是：

1. 目标设定；
2. 组织化；
3. 激励与沟通；
4. 测量与分析；
5. 自我发展与自我控制。

目标管理是将目标设定、工作分析、指标设定、测量和控制的科学管理模式，有效地应用到管理工作和对工人的管理中。然而，弗雷德里克·泰勒的经济自利假设被将管理者（和工人）视为自主的、负责的理性人这一普遍观点所替代。当德鲁克提出他的目标管理原则时，受到了当时社会心理学研究成果的深刻影响，我们将在下一章节论述社会心理学的影响，社会心理学强调人的无限潜能以及人的自我驱动能力。德鲁克的观点后来也发生了微小的变化，他认为人各有志，动机也有所不同，管理者的一项主要工作就是找到合适的方法激励他的下属。一旦人们接收到正确的激励，他们就会想要改进自己的表现，也会想要改进自己下属的表现。相比于泰勒，德鲁克的模型更加清晰地体现出，绩效评测是自我改进和自我控制的一种手段。

目标管理的工作原理是为组织中的每一名管理者（甚至是每一名员工）设定清晰的目标。该流程开始于最高层，其要义是所有的目标都保持一致，但每一层级的管理者与他们的上司和下属共同制定每个管理单元的特定目标与绩效目标。这些目标可能要求较高，但理应契合现实。他们应当清楚说明哪些领域的贡献是预料外的，哪些领域的贡献又是期待中的。在泰勒的理论模型中，即便不是在典型应用的情况下，目标设定也应是一个双方同意的过程；但在德鲁克的模型中，制定目标的首要责任落在了那些负责实现目标的管理者身上。

目标管理的第二个方面是详细的绩效评测体系——不一定是严格量化的，但应是理性化的、清晰的——涵盖有助于实现一致目标的所有因素。至关重要的是，这些精细量表应该被交给部门管理者，而不是他的上司。在德鲁克看来，量表应当是“自我控制的手段，而不是自上而下的控制工具”。管理者负责达成他们部门的总体目标，但他们应当对如何达成目标拥有自主权。

惠普公司对目标管理最著名也最严苛的应用，是将其作为“惠普之道”的核心特征，它的目标管理强调员工的自我激励和创造性，为员工赋予相当大的自主能力，同时强制推行明确且高要求的目标。然而，与管理科学一样，理论要求往往被证明对实践要求太苛刻。大多数应用没有理论预设得那么缜密，只有模糊的目标，受限制的或者子虚乌有的反馈机制，在理论应用时更强调控制而非独立自主和自我控制。长远来看，该方法最持久的后遗症可能是增强了绩效评测和控制这类泰勒主义要素在管理层的应用。

商业战略与战略规划

任何有关理性或科学管理体系的关键部分，都是将组织视为一个整体而设定目标。传统上所称的商业政策，在战后时期之前很少受到系统性关注。与公共领域的政策制定类似，组织 45
的政策制定被视为一个判断力的问题，而判断力则主要建立在经验和洞察力之上。然而，第二次世界大战将关注重点聚焦在了使用科学方法支持战略规划的可能性上。当时的政策议题是要不要参战，并且对于军事组织的领导者而言，是否开战可能是强加的观念，也可能被视为理所当然。对于他们而言，他们关心的战略议题是如何获胜。

转换到商业场景中，在政策领域中存在着许多可能会被讨论的问题——比如，利润最大化和社会责任之间的平衡——但高级管理者面临的主要问题并非是否要获利，而是如何获利。在20世纪60年代，出现了一种被称为商业战略的新型管理原则，从20世纪70年代到90年代，商业战略成为单一主导性管理话语。从定义来看，战略极为重要。战略同样是技术性的（在技术上不一定要太难），有阳刚气的，更多涉及控制而不是被控制。每个人都想要掌握一点相关知识。

这种新的原则吸收了理性管理的基本框架。预先设定或假定好政策目标，之后的任务就是搜集信息，分析信息，做出理性决策，执行贯彻该项决策。商业战略主要聚焦于分析与决策，执行被误认为不具备真正的战略性。在思想上，它借鉴了管理科学的研究成果，但在实践中，它使用的是更为简洁、更为粗糙的理性化技术。这样一来，信息搜集被宏观环境分析（PEST）或外部处境分析（STEP）这类分析形式合理化了。遵从普遍原则，成功的商业分析理应是对商业环境的理性回应，它将外部环境简单区分为四个维度：政治维度、经济维度、社会维度和技术
46 维度。

主流的分析工具是SWOT分析，它同样提供了一个简单的分类法，将相关内部和外部因素分为优势、劣势、机遇和威胁，以简单的2×2矩阵来表示。主要的决策工具还有另外两个2×2模型。这可以追溯到20世纪50年代伊戈尔·安索夫的增长矩阵（这一时期几乎所有的假设都假定政策目标是增长），该矩阵通常被称为安索夫矩阵，它建议从新的或既有市场、新的或既有产品等不同的组合中做选择，关键的决策准则是使商业技巧、商业资源与市场环境相匹配。波士顿咨询集团（BCG）矩阵，或称为波士顿工具箱，提供了一种工具，这种工具可根据市场增长率和占有的相对市场份额对多元化业务附属的产品部门进行分类，并提供基于公司业绩的数据分析方法，据此做出投资或撤资的决策建议。对这些多种模型的描述见图2。

虽然这些分析植根于理论见解和经验洞察的混合，但这些技术在被讲授、被应用时——现在依然被讲授、被应用——更多的是作为一种概念框架而非缜密的分析工具。然而，这种分析为新一代管理者塑造了一种共同语言。大部分商学院毕业生做不出优质的决策分析，虽然他们也学过净现值、投资回报率这种财务语言，但很少有人能够将这种必要的定量分析与决策模型

结合起来。就像是管理科学，正式的决策分析迅速被委派给战略规划部门中那些受过良好训练的专家型员工。但是，任何一个接受过管理教育的人都能够谈论决策语言，他们可以提供有关战略决策的合理化解释。

在20世纪80年代至90年代，这些简单的分析工具得到完善，在一定程度上被基于产业组织经济学的新原则所替代。 47

传统的经济学价格理论是基于完美信息导致完美市场的假设，该理论预设所有行业中的所有企业都将获得标准利润。（严

（a）SWOT分析

	正向	反向
内部	优势	劣势
外部	机遇	威胁

（b）安索夫矩阵

	现有产品	新产品
既有市场	市场渗透率	产品前景
新市场	市场前景	多元化经营

（c）波士顿工具箱

	低市场份额	高市场份额
高市场增速	问题业务	明星业务
低市场增速	瘦狗业务	现金牛业务

图2　早期的战略管理模型

格来说，传统理论实际上假设市场是不存在企业也不需要资金
的市场，但产业组织经济学家将其摒弃不用，开始采用一种更为
48 实际的假设，即：企业的确存在。）在任何一种产业中，如果利润
上升超过标准线，就会有新企业涌入，在加剧竞争的同时将利
润拉回标准线。如果利润下降，企业就会离开这个产业。同样
的，如果同一产业中存在两家经营利润不同的企业，盈利能力强
的企业就会将盈利弱的企业挤出市场。然而，显而易见的是，每
个产业中都有一些工厂和企业在实践中拥有比同行更高的利润
率。用经济学语言来说，与许多商业市场、金融市场不同的是，
真正的产业市场是不充分竞争的，在不同产业领域之间存在着
流动壁垒。一家种橘子的企业很难在不耗费成本和时间的前提
下转去生产电脑。

基于对流动壁垒的研究，哈佛商学院的经济学家迈克尔·波特在20世纪80年代引入了简单的五力模型用以分析产业领域市场的不充分竞争，还引入了一般性战略模型，该模型将战略决策视为一种选择，一端是最低成本和产品差异化战略，另一端是扩大或收缩市场（见图3）。与此同时，其他的产业经济学家聚焦于分析战略与公司资源之间的联系，并且波特很快就扩展了他自己的经典分析，将关于资源分析的价值链模型囊括到分析中。通过充分执行和围绕组织目标紧密协作，波特为一般性战略的执行提供了一个概念框架。不久之后，加里·哈梅尔和C. K. 普拉哈拉德提出了他们的核心竞争力概念，这一概念为基于资源的战略决策方式提供了另一种有影响力的应用，他们建议成功的企业应以独特的技能和技术框架为基础，这种独特性要渗透到企业行为的各个方面，是一系列不同业务的基础

（见图4）。

波特的研究为战略管理提供了新的科学合理性，但很少有管理者能理解这一点（许多战略管理手册完全忽视了它的经济源头）。与之前的模型一样，波特的基本模型已经变成了一种常

（a）产业中的五力模型

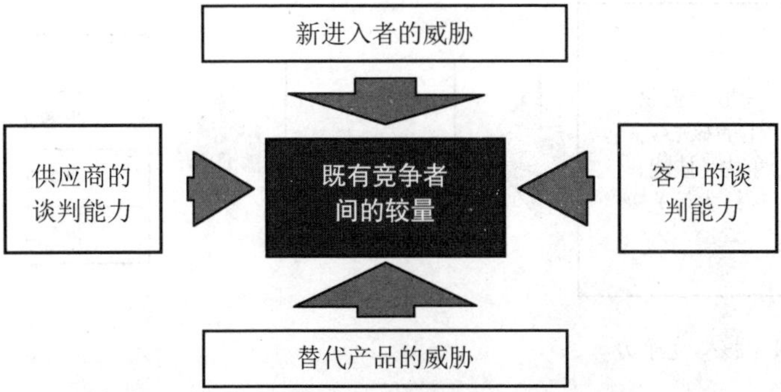

（b）一般性战略

	最低成本优势	差异化优势
宽范围	成本优先	差异化
窄范围	成本聚焦	差异化聚焦

（c）价值链

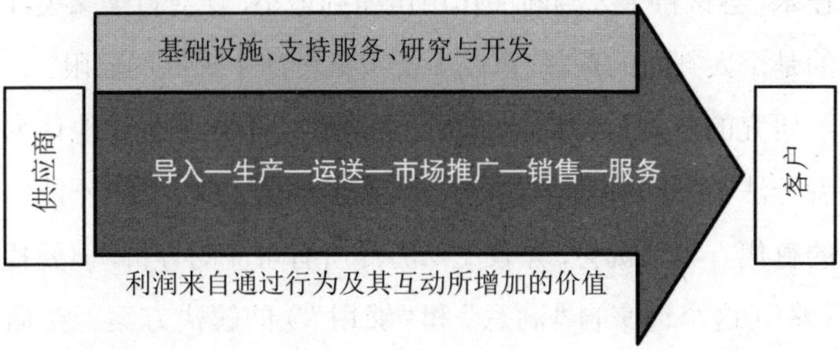

图3　波特的战略模型

用的管理话语。与这种分析理性化潮流对抗的是一位有影响力
的研究者——亨利·明茨伯格，他坚持认为管理更像是一门手
50 艺而非一门科学：学习的最好方式是用理论来对照你的实践经
验，而不是遵从规范模型；战略往往是突然浮现的而非事先指定
的。但他一直以来的对抗注定要以失败告终。

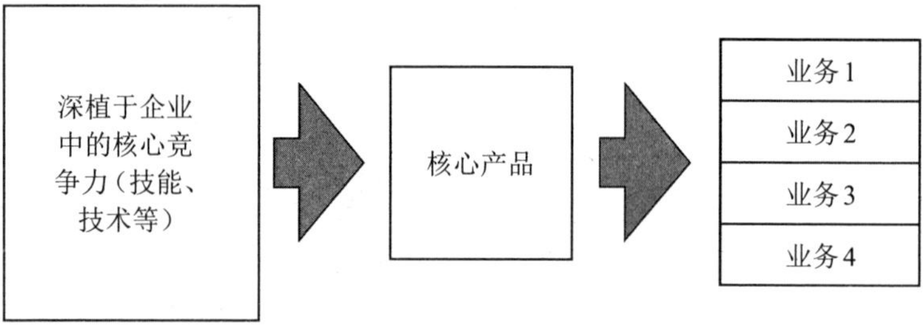

图4　核心竞争力

决　策

战后时期受到学术界大量关注的理性管理的一个方面就是决策本身。虽然这一问题尚且没有像其他商业战略分析工具那样被管理实践所吸收，但它已被这一时期的一些社会科学领军人物关注到了。与此同时，管理科学家开发出了正式的决策分析技术，尝试将个人判断的作用压缩到最小，社会科学家关注更多的是个人判断的意蕴，以及人类决策程序中理性的局限。

研究的起点是赫伯特·西蒙的观察（见第一章），他认为管理者无法考虑到所有可能的信息，难以预测未来，甚至不能给可能的替代方案以机会，并且无法穷尽所有可能的分析，但要找到“满够”（这个词来自“满意”和“够用”）的解决方案。在面对极端信息不确定和心智能力有限时，理性的反应是寻找足够好

的决策，而不是完美的决策。西蒙的方法是高度理性的。他赢得了诺贝尔经济学奖，用高度数学化的形式来论证满意的合理 51
性。他认为，处理管理问题的一种方式是将尽可能多的决策程序化，避免重复分析，将管理者解放出来，使其专注于那些需要重新处理的问题，他希望通过信息技术和管理科学来达到这一点。他也希望借助这些技术为那些无法被程序化的决策提供支持。然而，他坚持认为决策永远无法完全理性。管理者充其量只是“有限理性”，并且人的判断总是他们选择中的一种因素。

这一洞察延伸出了几条研究脉络。1959年，政治科学家查尔斯·林德布洛姆吸收了这一理论，通过一系列渐进的对比，或者说“渐进决策的科学”，区分出广博理性决策的理想模型与该决策模型更实际的替代物。西蒙的同事詹姆斯·马奇注意到，在组织环境中，决策不仅会受到西蒙所说的认知局限的影响，其判断中还会加入非理性的个人偏好，尤其会加入政治考虑。1972年，在与迈克尔·科恩和约翰·奥尔森合作的著作中，马奇将组织描绘为“一系列集合，包括找寻问题的各种选择，找寻可能被广为传播的有关决策情况的问题及感受，找寻可能回应问题的解决方案，以及找寻工作的决策者”。他们指出，做决策的需要已经成为“垃圾桶”，各种个体的、政治的、组织的要素都被扔了进去。

与管理的合理化方式一样，垃圾桶模型能够通过计算机模拟的方式来呈现，但是它的主要影响在于强调理性化模型的局限，同时还在于打开了对客体的社会、政治及社会心理学各维度的探索。进入20世纪80年代，心理学家欧文·詹尼斯将研究引 52
向其反面。1972年，他发表了经典论文《群体思维的受害者》，研究了群体动力，尤其是对避免冲突、达成共识的追求，如何引导组织忽视关键的注意事项，悬置批判性理性评估，从而造成明显的非理性决策。1989年出版的《关键决策》不仅提供了关于决策的综合性理论，还列出了一个关于决策中非理性因素如何被控制和消除的长长的处方单。就像是这一时期出现的战略研究，詹尼斯的研究将管理成功的理性方案与恰当的科学主义修辞结合起来（方案实际上被贴上“假设”的标签，尽管这些方案根本不是假设，但“在这种情况下管理者应该照此行事”已经变成了一种标准模板），但我们不能期待读者去仔细探寻被建议的原则与其背后的科学（或许有，抑或没有）之间的关系。

这一时期，我们对决策理解上的主要科学进展，将我们带回到赫伯特·西蒙开发出来的认知维度，其源于认知心理学家丹尼尔·卡内曼和阿莫斯·特维尔斯基。卡内曼凭借《前景理论》荣获诺贝尔经济学奖（特维尔斯基那时已去世），他的理论是在一个相对狭窄的背景下起作用，其中假设不同的结果在数学上的概率是已知的。基于决策的试验，该理论研究了人们基于内化的认知偏见和启发（思考的简略方式）系统性地做出非理性决策的方式，这与西蒙所确定的理性人在选择处理某些问题时的满意模型是一致的。结果是，举个例子，人们系统性地判断得失时会存在差异，在面对某种环境时会有不同的反应，有人认为是威胁，而有人认为是机遇，并且通常以前后矛盾但可预测的方式来应对风险。人们还会高估私人信息的价值，会存在固有的
53 守旧偏见，等等。

借助数学论证并基于严苛假设，卡内曼和特维尔斯基的研究对当今经济学的影响远大于管理学，但他们的研究也持续不

断地影响着管理学的思维模式，并且看起来在未来会有很大影响力，尤其是卡内曼最近出版的一本智识自传，为读者提供了一种更友好的解读方式。

情境理论和组织设计

彼得·德鲁克的一项早期观察结果显示：虽然与科学管理相关的简单自上而下的组织和决策结构可能对钢铁制造行业有用，但这一套对20世纪早期出现的更加多元化的美国公司未必有用。历史学家阿尔弗雷德·钱德勒探讨了这一现象，他在1962年出版的著作《战略与结构》中论证了组织结构遵从组织所选择的战略，管理者角色的关键部分就是为组织战略设计出合适的结构。

与此同时，汤姆·伯恩斯和G. M. 斯托克研究了小公司中的技术发明进程，他们识别出两种“理想型”组织。一种被他们定义为“机械型”，这类组织相当于传统的韦伯科层制，它在稳定状态下表现较好但抵制变化。另一种则被称为“有机型”，等级性更弱，更柔性，共生性更强，其凝聚力更多来自共享的承诺而非忠诚和服从，在面对变革和变化时表现出更好的适应性。

几年之后的1967年，保罗·劳伦斯和杰伊·洛尔施基于一项美国公司截面数据的研究提出：成功的企业需要将企业不同功能部门的现实差异，与这些部门实际上的一致性结合起来。
他们强调，企业经营中面对的环境不确定性越强，其所需要的差 54
异化程度就越高，企业对整合机制的相应需求就越大。

所有这些组织设计的路径都可归为各种形式的“情境理论”（又译为权变理论），可将“情境理论”视为对简单理性模型局限性的理性回应。如果这些模型并不总能在实践中起作用，我们就会假设这种情况是因为理论模型的基础假设在现实中并不总是能够实现。情境理论家的目标是，通过观察和分析确定成功组织中的哪些因素在何种条件下会发生变化。之后，实践派管理者就能利用情境理论指导他们的决策。举例而言，如果你面对一个复杂且快速变化的环境，就不要再接受一个僵化的、统一的、无差别的等级制度。

情境理论并不局限于解答组织设计疑问。比如，弗雷德·费德勒就发展出一套关于领导力的情境理论，针对环境的不同设置提出不同的领导力风格（任务驱动或关系驱动）。维克托·弗鲁姆提出了关于决策的情境理论，区分了不同形式的协商和参与，并发展出一套模型用来规定在何种组织环境下理应使用何种路径。该理论流派在组织设计中产生了巨大影响，特别是当亨利·明茨伯格将不同研究流派整合在一起后。下图展示了他理论的理性特色。明茨伯格开发出一个模型（图5），根据五种类型（而后扩展为六种）或者更准确地说按发展趋势对组织进行分类。每种类型具有各自的特征，体现出组织的不同部门之间独特的权力平衡机制，每种类型也都有协调机制以反映主导方的利益，存在着集权或分权的特征模式。每种类型
55 都与特定的环境条件和特殊的战略方法相关。

明茨伯格模型背后的逻辑是，环境、战略和组织变量的组合虽然有许多方式，但只有极少数组合有连贯一致的稳定性，而企业则倾向于深陷已有的模式中。他的模型有助于管理者理解并分析其所身处的组织，并且聚焦于可能需要注意的地方，概因任
56 何一个方面的优化都会不可避免地引起其他方面的妥协。从这

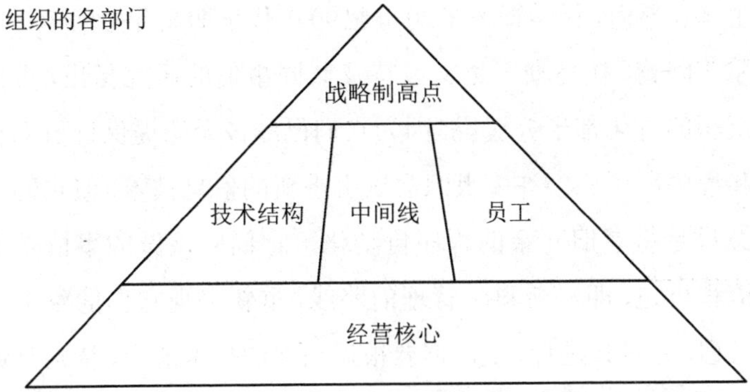

结构布局

构　型	协调机制	组织中的主导牵引力
简单结构	直接监督	战略制高点
机械型科层制	工作程序标准化	技术专家层（工作设计与操作）
专家型科层制	技术标准化	操作骨干层（专家）
事业部制	输出标准化	中间管理层
团队式结构	共同调整	员工层（基础设施与体系）
使命式结构	规范标准化	意识形态（作为整体的组织）

图5　明茨伯格的组织结构模型

一视角看，情境理论更多地关注识别各类管理方式中的弱点，继而挖掘不同管理方式的长处。

商业流程再造和人力资源管理

本章描绘的许多研究路径，力求为管理提供一种改进之后的理性基础，但这些方法缺乏科学管理先锋们那种思想上的理性主义。然而，科学管理在20世纪90年代早期又开始回潮。迈克尔·阿梅、托马斯·达文波特及其同事们的研究指出，大部分组织的进化都十分缓慢，因为它们已经被无法提供价值的行为和程序所压垮。许多组织尝试引进新的信息技术，但它们这样做只是将老旧冗余的程序自动化。它们应该做的事情是商业流程再造，即沿着科学管理的路线，重新审视它们的整个商业流程，并对其进行再造，但要根据当前的技术能力，特别是计算机化的信息系统，重新调整组织目标并消除累积起来的低效率。

在许多情况下，这样的批评被认为有充分的理由。私营企业和公共部门都通过雇用更多管理者和分析师来应对日益复杂的环境。这导致了更加严重的协调问题，为解决协调问题，组织不得不雇用更多的管理者和分析师。与传统科层制相结合，组织尝试将管理视为一种长期事业而非仅仅是短期工作，许多组织同样不愿意去削减那些不再是它们核心目标的行为。在日益激烈的全球竞争中，商业流程再造为美国和欧洲的企业提供了一种及时的矫正，以及急需的效率提升。另一方面，也出现了更
57 多的将婴儿与洗澡水一起泼出去的情况，再造后被留下的管理者要面对流程再造后遗留的不可能完成的工作负荷，他们需要努力填补流程再造带来的空白。最近一项关于英国、美国和日本的组织再造的研究显示，组织是合理化了，但也危险地去人性化了，中层管理者在日常工作中要面对不可持续的长时间工作、受限的职业前景以及高压。

虽然推动商业流程再造运动的部分原因是对理性和效率的狂热信仰，但还有部分原因则是来自信息系统专家团队的大量

努力，他们原本在战略决策中是边缘化的群体，现在却试图提升自身的地位，谋求进入商业决策的核心位置。我们举的上一个关于合理化趋势的例子背后就存在着这样的变革，人力资源管理的发展就发生在同一时期。虽然科学管理先锋们非常强调对员工的选拔、训练和业绩考评，但他们在这方面的解决方案却被普遍忽视了。众所周知，人事部门的职能在20世纪的大部分时间里都被常规管理所主导，一方面是发工资，另一方面负责劳资关系——尤其是与工会谈判。

然而，随着里根-撒切尔时代工会权威的削弱，以及薪酬管理自动化的提升，人事部门看起来在战略制定和管理流程上发挥着更为积极的作用。他们开始推进用于员工选拔的心理测评技术、用于评估的绩效测评技术；并负责员工队伍的培训与开发，发掘领导潜力，管理组织内外的人员及辅助人员。事实上，在最后一项职责中，他们变成了商业流程再造运动的重要参与者，为使人员适应任务并管理大规模裁员方案提供理性基础。
他们同时也为保护员工提供理性方法，用正式体系消除霸凌、骚 58
扰，保护员工免于不公或因个人动机而遭解雇。

“人力资源管理”一词蕴含多种有趣含义。“人力”强调了这样一个事实，即雇员是人而非只是机器上的零件，要考虑他们的需求，保护他们的权益。“资源”则暗示人与物料、资金等其他资源类似，本质上需要被开发利用。然而，人力资源管理最重要的作用是为人际关系提供一种理性框架。虽然管理者依然是在个人维度上管理或者被管理（首席执行官的侄子依然好找工作，至少比其他人在拿到实习时更有优势），但这些个人层面的因素都
被限制在正式的人力资源程序框架内。 59

第五章

社会化管理

你如何处理合理化管理的任务，很大程度上取决于你对人类动机的看法。弗雷德里克·泰勒和科学管理的倡导者与他们那个时代的美国管理者都认可同样的假设，即认为工人天生懒散且自私，他们觉得用金钱可以驱使工人，只要给工人足够多的钱财，他们就会接受规劝去做任何事情。对于彼得·德鲁克而言，金钱只是复杂局面中一个很小的问题。受他那个时代心理学研究成果的影响，他认为不同的人具有完全不同的初始动机。然而，德鲁克认为，只要有正确的激励，所有人都会在自我完善的驱动下行事。与此同时，亨利·法约尔则看到了团队精神作为一种社会驱动力的潜力。

这些差异都有一个文化因素。特别是，自我完善的价值观深植于美国文化中，这种文化可以追溯到18世纪本杰明·富兰克林的畅销书中。另一方面，人会被社会联系所激励的观念虽然源于法约尔这个法国人，但美国人对这一观念却颇多怀疑。特别是在商业背景下，社会联系与工会绑定，工会（它们经常受

到欧洲观念的影响）的共谋则是与避免工作联系在一起的。实
际上，虽然科学管理从理性工程学中获得了它的合法性，但它的 60
流行在很大程度上要归功于其破坏工会的潜力。

然而，并不是所有美国人都接受这一观点。上一章讨论了美国管理学的合理化趋势，但除此之外，还有一种不断发展的研究，即：如何通过某一种或另一种的社会化力量来利用自我完善这种潜能。20世纪中叶美国心理学家们的工作，使得这一社会化趋势逐渐被系统性地应用到管理实践中。在这一时期出现的最有影响力的著作是道格拉斯·麦格雷戈的《管理的人性一面》。这本书出版于1960年，书中引入了“X理论”和“Y理论”的术语，这给我们本章的讨论提供了一个很好的起点。

X理论和Y理论

麦格雷戈建议任何管理者都需要采纳一套关于雇员的态度与动机的假设，同时配套设立关于雇员应如何被管理的系列假设。在他看来，传统的管理实践基于一系列被他称为“X理论”的假设：

1. 普通人内心厌恶工作，若有可能一定会逃避工作。

2. 因为这种厌恶工作的人格特质，大多数人必须要被胁迫、被控制、被指导、受惩罚的威胁，唯其如此，才能使他们为实现组织目标而付出足够多的努力。对工作的厌恶感如此强烈，乃至于奖励的承诺通常都无法使人们克服这种厌恶。

3. 普通人更偏好被指导，希望能逃避责任，抱负相对较小，
最想要的是安全感。 61

他认为这套理论并非完全没有根据。但是，二十年间持续

不断积累的心理学研究成果显示，该理论在许多方面产生了误导。他建议用“Y理论”作为替代选项，虽然这些理论仍未得到完全验证，但与最新研究结果更为一致：

1. 工作中的体力或脑力劳动消耗与玩耍、休息一样自然。工作既可以是满足感的来源，也可以是惩罚的来源，这取决于环境的控制因素。

2. 外部控制和惩罚威胁并不是实现为组织目标而努力的唯一方式。人会运用自我指导与自我控制，为他承诺过的目标服务。

3. 恪守承诺是一种与他们的成就相关的奖励功能。这类奖励最重要的意义在于，诸如自我满足感和自我实现的需求，可以是为组织目标而努力的最直接产物。

4. 在合适的条件下，普通人不但能学会接受责任，还会主动承担责任。

5. 在解决组织问题时所要运用到的相对较高的想象力、聪明才智和创造力的能力，在人群中是广泛分布而非狭隘分布的。

6. 在现代工业化生活环境下，普通人的智力潜能只被利用了一部分。

麦格雷戈的建议有几个值得注意的特点。首先，我们在德鲁克那里看到了同样的对自我完善的信任，这种自我完善与承担责任、运用创造力紧密相连。其次，Y理论对人类自身创造力的强调，这对后来管理学的发展至关重要。另外还存在一个核心观念，也就是麦格雷戈描述的“支配性原则”，它整合了个人与组织的目标。管理不仅仅是泰勒在科学管理中强调的那样调整个人目标以适应组织目标，管理还涉及组织要调整目标适应个人目标。雇员的承诺在麦格雷戈看来对于组织的成功十分重要，这种承诺生成于社会关系和私人关系中，且不能仅仅通过经济激励来获得。

胁迫的替代项：改进和家长作风

如果我们回望传统的、前工业化的管理方法，我们能看到同时存在着X理论和Y理论的要素。当时的主导模式可能是胁迫性的，但依然一直有开明的雇主以一种更为积极的视角看待自己员工的态度和能力，并争取以善意和同情心获得雇员的忠诚。伴随着19世纪下半叶大规模的工业化，对庞大规模和科层制结构的必然追求使得组织逐步失去个性，也让组织变得更难管理。在胁迫、控制及让员工异化的环境下，X理论的假设经常会在实际中变成自我实现。

但即便如此，却仍有例外。虽然多数雇主将他们的工人视为道德败坏的绝望典型，但仍有一些雇主对道德革新充满希望。通过改进工作条件，提供教育、卫生医疗、图书馆和社交俱乐部，他们认为自己可以在实现作为雇主的道德责任（典型的如基督教新教徒）的同时，将他们的雇员及雇员的家庭从不卫生的住所、酗酒成性及无知中救拔出来，创造出更好的、更值得信任的、更有生产率的劳动力。到了19世纪90年代，像英国的吉百利和利华兄弟公司、美国的铂尔曼酒店和N. O. 纳尔逊公司等一些企业，开始建造示范村来安置它们的雇员，那一时期更多的公司引入了更适度的福利或“改进”计划。 63

管理中的那些家长式方法并不是一直都受到好评，特别是与工人对立的雇主们并不希望把他们自己的钱花在类似项目上，也会怀疑家长式方法是否会起作用，他们更倾向于将工人们的坏习惯归咎到工人自己身上。一般而言，遵循科学管理路线更有吸引力，尤其是去除掉科学管理中那些更积极、更有利的一面，将其改造成复杂精密的胁迫系统时。更多适度的员工福利计划被证明是无价的，它们有助于反驳那种大体正确的现代企业没人性、缺乏灵魂的公众认知。员工福利计划在第一次世界大战后发展十分迅速，并成为20世纪大企业中的惯例。但至少在20世纪上半叶，在少数企业中（无论其规模大小）出现了一种更具包容、更为社会化的管理方法，这就是我们下文要论及的部分。

人群关系运动

管理的社会化方法被更为系统地应用，必须要等到第二次世界大战之后，但它是建立在两次世界大战间歇期的科学发展的基础之上。这一时期人们对弗洛伊德精神分析学说和其他心理分析方法日益感兴趣，群体心理学也变得时兴起来。这一发展进程中的关键人物是哈佛大学商学院的澳大利亚籍教授埃尔顿·梅奥。

梅奥在20世纪20年代去哈佛大学任教，他当时主要研究的是与生产线管理相关的心理问题，尤为关注疲劳问题，以及如何借助休憩停顿在确保提升产量的同时缓解疲劳。然而，他对临床心理学和精神分析的兴趣越来越浓，于是乎开始从精神分析的角度来解释工人行为。同样的，他对社会学和人类学的发展
64 也很感兴趣。

当时在哈佛大学有一项正在进行的研究，带有科学管理研究框架的浓厚特色，调研的是芝加哥西部电气公司霍桑工厂的

照明水平对工人生产率的影响。这项研究得出了令人疑惑的结论，即：尽管工人的产出与照明水平无关，但照明水平改变，无论变亮或变暗，工人的产出都提升。梅奥紧随其后对组装电话继电器的一组工人进行了长时段的研究，对工作环境和激励的各种变化进行了试验。这一研究也得出了同样令人迷惑的结论。在此之后，梅奥开展了更为广泛的采访，并揭示出情绪的重要性；同时通过观察自然条件（非测试条件）下的工人，发现工人会根据他们自己的社会规范调节产出，工人并不重视运营中的激励方案。梅奥最终的结论是：产出不是由工作环境、激励体系决定的，而是由工作组的非正式社交模式决定的。当工人感觉自己重要，并且当管理者对工人报以个人兴趣，让他们觉得自己重要，并创造一个相互支持与合作的环境时，产出就会提升。看起来，管理并不是机械性的优化过程，而是事关领导力和群体动力。

梅奥的两位同事弗里茨·罗特利斯伯格和威廉·迪克森，在1933年将他的结论汇总写成了《工业文明中人的问题》和《管理与工人》。商人切斯特·巴纳德在1938年出版的《经理的功能》则进一步发扬了梅奥的结论。基于实践经验而非管理科学，巴纳德的著作同样强调了合作与互相尊重的重要性，这对控制型管理的既定规范提出了挑战。第二次世界大战之后的十年
见证了学术研究和后来被称为“人群关系运动”的产业创新。 65

在研究方面，伦西斯·利克特证实了参与式团队管理的优势。赫伯特·马斯洛提出了需求层次论，即从基本生理需求一直上升到自我实现层次，并且认为一旦某一层次的需求被满足，这些需求就不再扮演积极的激励因素。弗雷德里克·赫茨

伯格在更为坚实的经验主义基础上表明：有助于工作满意度的“激励因素”不同于导致工作不满意的“保健因素”的缺失，并在此基础上讨论了工作效率可能源于任务丰富化，而不是源于像科学管理建议的工作简单化。伦敦塔维斯托克研究所的埃里克·特里斯特和他的同事们，将人际关系方面与系统化思考相结合，用他们的工作组理论将科学管理方法改造为“社会-技术系统”，在其中，社会心理和技术需求是相互影响的。库尔特·勒温的组织动力学和卡尔·罗杰斯的发展心理学，同样都对管理教育和管理实践产生了影响。

其中一些研究项目与管理实践的发展密切相关，这一动向很快就催生出“管理咨询”这一新兴行业，接受过新技术培训的咨询师提供组织发展、工作设计及劳资关系的服务。描述新方法的书籍，包括麦格雷戈的《企业的人性一面》广受欢迎，它们很快成为管理培训和教育的主要内容。

然而，从一开始，这类管理方法就遭遇批评。新“科学”严重依赖定性数据和诠释方法，只应用了非常简单的描述统计学，对于大多数接受过经济学、数学或工程学的商学院教师来说，这
66 种方法太弱和模糊，不够严谨。Y理论的假设遭遇了深度怀疑，怀疑论者既有那些习惯于经济学和科学管理有关个人主义和理性化假设的人；也有顽固的管理者，这类管理者对员工的悲观想法被证明是一种自我实现与自我强化。

更重要的是，虽然管理的人际关系方法在课堂上十分受欢迎，但在应用到实践中时却遭遇了难以置信的困难。这种方法不仅要求管理者有高水平的人际交往技巧，还需要极大的耐心和大量的时间投入，但极少有管理者能维持或者说负担得起这

种投入。人际关系哲学对今天的管理者依然发挥影响，但这种哲学主要是在打破而非遵守中受推崇。

日本的管理和组织文化

当咨询师和管理者努力将人际关系原则应用于实践时，美国和欧洲的跨国公司在20世纪70年代遭遇了来自日本突如其来的激烈竞争，日资企业彰显了员工忠诚问题的另一种解决方案。尽管大型日本企业看起来受益于高水准的员工忠诚度，但很明显这并不是通过鼓舞人心的领导力或强势管理者来实现的。相反，日本企业是强力的等级制组织，彰显出传统科层制的诸多特征。然而，它们提供了终身雇佣制（虽然仅限于男性，女性依然被排除在外，与欧洲五十年前类似，结婚后要辞职）和复杂的社会福利计划，它们同样还借助非常强的组织文化使自己的雇员团结起来以实现组织目标。在20世纪80年代早期涌现出一连串著名的、实践导向的著作，大部分由管理咨询师写作出版，他们称赞将企业或组织文化作为管理工具的优点。 67

在这类书籍中，有些书直截了当地关注日本管理的优点。其中，最有影响力的书有两本。一本是于1981年出版后就立刻成为最佳畅销书的《日本管理的艺术》，该书的作者是麦肯锡公司的顾问理查德·帕斯卡尔和安东尼·阿多斯。另一本是管理学教授威廉·大内的《Z理论：美国商界如何应对日本挑战》。“Z理论”是大内为美国公司所能吸收的日本管理的关键要素或做出调整而开出的药方，该理论建立在麦格雷戈的“Y理论”基础之上，并对后者进行了改进。

日本管理最显著的特征是，它将集体价值的优先级置于个人价值之上。日企的决策机制是高度协商一致的，在得到所有受影响或相关人员做出的承诺前，任何正式决策都不会被做出。这种决策机制搭配集体责任制度。不存在个人激励，并且，虽然基本结构是科层制的，但团队协作司空见惯，能直接穿越科层制限制，因为管理者是基于技术和个性而非工作职位组建团队。管理者之间、工人与管理者之间都有较高水平的互信，创新被欣然接受而未被排斥。组织的灵活性和工作保障的结合，允许工人集体尝试新想法，而不用担心短期绩效带来的影响。

通过让人们在共同目标之下熟悉彼此、受到激励，以上那些目标都变得可能。这种模式部分源于终身雇佣制；部分来自广泛的有公司特色的培训计划；部分来自相互关心、相互信任的环境，来源于交织在一起的商业和社会生活。休闲是工作的延伸，公司则扮演着一个大家族式的角色——经常性地，会对管理者的真实家庭生活造成伤害，家人很少能见到管理者。日本管理的核心是一系列强有力的企业价值观，这些价值观具体体现为
68 符号、惯例和实践，支撑一套对关于公司是什么、公司将向何处发展、公司如何达成目标的共同理解，这套价值观是一种强有力的组织文化。

对日本管理的这些探索很快就有了影响，1982年出版了两本书，这两本书都赞颂美国企业里强大的公司文化：第一本是当时最畅销的《企业文化》，作者是特伦斯·迪尔和艾伦·肯尼迪；第二本是《追求卓越》，作者同样是来自麦肯锡公司的顾问汤姆·彼得斯和罗伯特·沃特曼。次年，又出版了一本轰动一时的书——《变革大师》，这本书的作者是哈佛大学商学院的罗莎贝斯·莫斯·坎特。

上述著作中，最有影响力的要数《追求卓越》。彼得斯和沃特曼研究了美国表现最好的企业（对增长率、财务回报率，以及最关键的责任感或创新性等方面的表现进行评估），他们提出了卓越企业的八个特征，这些特征将这类企业与它们那些不够成功的竞争对手区别开来。他们以麦肯锡公司的“7-S框架”为模型开展商业和组织分析，该框架包含了组织层面、战略层面及管理层面的各类要素。举例而言，该模型的关键主张是，卓越的企业离客户更近，战略重点更聚焦（它们“聚焦自己的关注点”）。然而，管理的特色至关重要，经过一系列重新排序，成功企业的管理特色可以总结为以下几点：

- 坚持以人为本。每个人都被看作团队的一分子，而不仅仅被视为可消耗的、可替换的资源。
- 行动主导下的事必躬亲。管理者要参与到工作中，与员工一起推进工作、一起找到解决方案。管理者不只是分析和发号施令。
- 独立自主与企业家精神。鼓励员工创新、尝试，落实他们的建议，容忍他们的失败，将制定好的决策传递下去。 69
- 灵活性和团队协作。组织结构被视为一种资源而非束缚。问题是通过专门团队来解决的，团队经常建立在自愿的基础上。
- 价值驱动。贯穿整个公司的是一套清晰明确的价值体系，传递公司代表什么、公司是什么，以及公司正在做出哪些尝试去实现目标。

其中一些管理特色反映了在一个仍受Y理论叙事严重影响的世界中被认可的良好实践。其他管理特色则反映了对日本管理实践进行清晰解释的观察结果。对于彼得斯和沃特曼而言，最为重要的关键要素就是对文化和价值观的强调，他们总结的八个特色中有一条捕捉到了文化和价值观背后的基本原理：管理要张弛有度。其基本理念是：如果你用一个非常严格的组织文化将人们捆绑在一起以追求明确的方向并设定目标，那么你就可以免掉许多传统的控制机制，将人们解放出来，释放他们的创新性和创造力，并确信这有助于企业利益。

尽管这个想法非常有吸引力，但事实证明，它与其他许多类似的想法一样，很难付诸实践。彼得斯和沃特曼也注意到了他们研究的卓越公司还存在着其他特色，这些公司都有杰出的领袖人物，许多领袖人物一手塑造了公司。对组织文化及其变迁的学术研究大约开始于同一时期，研究指出，组织文化经常与创始人密切相关，同时深植于企业的历史之中。就像人类学研究所揭示的那样，文化和历史紧紧缠绕在一起，改变文化并非易事。仅仅改变结构和系统是不够的，还需要改变它们所嵌入进去的旧文化——体现在标志、叙事、惯例及其他东西之中——否
70 则组织依然会倾向于沉沦到旧模式中。即使能力卓著的领袖确确实实精心策划了一项重大变革，但事实证明在他任内也很难将变革推行下去。

尽管如此，当时的许多流行观念在这一时期都得到了发扬光大。今天的科层制比它的早期形态要灵活得多。管理者更像团队一样工作，他们像对待队友那样对待自己的下属，团队协作更为普遍。一些企业将团队视为基本的组织工具；另一些企业则将团队视为解决问题和创新的工具。高管们经常会意识到强有力的共享价值观有多重要，即便他们无法创造出一个价值观

驱动的文化。“张弛有度”的原则经常被应用到项目团队层面，项目本身的挑战性能激发出强烈的共同承诺。

更重要的是，许多老公司可能在努力改变自身的文化，而许多全球最活跃的企业依然足够年轻，并从它们的创始人建立的文化中受益，用彼得斯和沃特曼在研究中总结的那种方式管理着企业：比如苹果、谷歌、亚马逊及维珍等公司，它们的所有工作就是基于“张弛有度”的原则。

最后，彼得斯和沃特曼、坎特都强调过的一个方面，正以一种非常不同的方式发挥影响力。企业家管理已成为主流中非常重要的一部分，类似谷歌这样的企业能够用它们的社会化管理方法为公司谋利，但许多组织仍然依赖于一种老式控制与个性化驱动的混合管理模式。在下一章，我们转而探讨管理中的这种个性化趋势。 71

第六章

个性化管理

虽然20世纪早期的科学管理是基于我们现在称之为寻求自我经济效用最大化的经济人模型，但这一模型当时并未影响到管理者群体。工人被认为是天性懒惰、自利的人，只有遵循科学管理模型给予其经济激励，或者遵循后来被麦格雷戈归为X理论的那些更为流行的模型框架去施加胁迫，工人才会表现得令人满意。管理者作为备受尊敬的中产阶级的成员，被假定为道德上更正直、更有责任感的社会共同体中的一员。但这并不妨碍管理者追求个人经济利益，尤其是在美国这样的环境中。对美国人而言，成功在很大程度上是用金钱来衡量的。即便是在美国，也会有其他一些事物被认为是重要的，这些事物在其他地方则占主导地位。由于经历了两次世界大战及20世纪30年代早期深刻的经济危机，在两次世界大战间及战后发展出来的人群关系运动开始强调超越个人利益的社会凝聚力的价值。

在20世纪的大部分时间里，管理者的主导风格是这样一类人，他们不单单从工作的经济回报中得到满足，还从工作本身及工作带来的社会地位所提供的与商业世界、公共管理及社会（孩子就读的私立学校、高尔夫俱乐部、慈善组织及公共服务机构）的联系中获得满足感。与上一章讨论过的日本管理者的风格相比，美国和欧洲管理者的风格都更偏向于个人主义。举例而言，日本的职位晋升竞争更激烈，但也有更强的公共精神。虽然工人的工资可能是按件付酬，但管理者普遍都是月薪制，他们的薪酬没有任何的激励成分。一名管理者在一家企业中打拼自己的事业是司空见惯的事情，企业则对管理者的家庭负责。管理者基本上都是男性，他们的夫人很少工作过（但是妻子也被期待为企业效力，在社交场合支持自己的丈夫）。 72

在组织内部，西方管理者比他们的日本同行有更清晰的工作定位，他们的工作更强调个人责任而非集体责任，但这种更为死板的科层制也为管理者提供了安慰和保护。有雄心的人能够去竞争科层制最顶端的工作，没那么有野心的人则可以在一个高水平安全感的环境中过上舒适的生活。

20世纪70年代，石油价格暴涨，来自日本方面的竞争，全球市场的开放，新的信息技术使得新公司有能力削弱老牌企业的知识优势，所有这些都加剧了竞争，使得舒适的老旧科层制组织开始感受到压力。在20世纪40年代至50年代，开展了一项关于美国制造企业的经典社会学研究，梅尔维尔·道尔顿在《管理者》一书中已经注意到，正统科层制在应对竞争环境下的非常规事件时具有局限，如面对机器损坏或紧急客户订单时。但他也发现，管理者能够借助类似游艇俱乐部的非正式安排来克服这些局限。在三十年后出版的著作《道德迷宫》中，另一项经典研究针对的是在新竞争中走下坡路的另外两家制造企业的科层

73 制，罗伯特·杰考尔发现存在着工作与社会完全分离，同时工作与社会的道德秩序也随之分离的现象。管理工作充满了个人私利与个人生存的斗争。

到了20世纪80年代早期，科层制已经成为低效率的代名词。人人都认同的是：组织，无论是公共组织还是私营企业，都需要变得更有效率、更具责任、更有弹性并更具创新性。必须要找到一条能够释放人的天然精力和创造力的路径。对这种需求的一种解决方案是通过组织文化激活社会承诺，鼓励并指导人们的工作，这在上一章已讨论过。另一种解决方案则是通过个人激励提高生产率与创造力。

管理与企业

从另一种角度看，科层制（现已成为所有相对僵化的等级制结构的代名词）的问题并不是未能借共同忠诚将人们绑在一起，它的问题是将人们捆绑得太紧，以至于闷死了个体的责任与创造力。关于这一观点，没有什么比《追求卓越》研究得更透彻的了，尽管它并不需要研究著作来证明。从20世纪80年代早期开始，自美国罗纳德·里根和英国玛格丽特·撒切尔时代以来，这种观点就迅速传遍全球，企业价值观就传遍整个社会。甚至是在俄罗斯和中国这样有着最严苛科层制文化的国家中，个人主义的企业家精神也蓬勃发展，当然这也引发了腐败这一自利的经典标志。在发达国家，企业家受到称颂，贪婪成为一种“善”，公共部门也像私营部门组织那样按照企业模式进行重建。

这一潮流有着深刻的历史根源，它出现在20世纪80年代并
74 非偶然。全球化和新技术对这一潮流起到了重要作用，但世俗

化及对权威的普遍不信任也起到了很大作用。无论如何，这一潮流的主要特征比较容易看清。

首先，在各行各业中，自利的正当性不断增强，同时伴随着义务的削弱。权威的传统来源被暗中腐蚀，道德义务的传统定义让位于自立、公平和权利（包含有产者和无产者的权利）等一系列其他道德信条。其次，随着传统道德价值观被轻视，金钱成为衡量一切的尺度，可衡量的短期效应属性优先于更难衡量的长期属性。甚至当日本公司因聚焦于长期而受到西方赞美时，它们反而变得愈加短视。

再次，一种新的关于经济利己主义和自由市场资本主义的全新政治正统观念开始兴起。简而言之，该观念认为，通过鼓励那些完全受经济利己主义驱使的主体参与不受限的自由市场竞争，有助于实现社会大众的最大利益（公益也同其他事物一样，是可用金钱衡量的）。这一观念部分归功于18世纪的哲学家亚当·斯密，它强调价格机制能确保资源的最有效配置，这不仅可以应用于产业和金融市场的自由化进程，还适用于管理劳动力市场。

所有这些因素在更为个人层面的体现，便是伴随着对“真实”内在自我的重视，由此带来社会关系的重塑，社会关系被视为志同道合的个体结成的同盟，而非不同想法的人因社会纽带而聚集的表演。在个人关系上，重要的是人对自我诚实，即便在实践中这意味着人变得更加自私。在工作场景中，受到鼓励的社会身份是企业家身份，涵盖了一系列企业价值观：自我激励、 75
自主、个人责任、自我调节、冒险、精力充沛、成果卓著、高效、好强、主动性、创新性、创造力以及风险承受力。

颇为奇怪的是，一些企业文化最坚定的支持者是传统的卫道士，他们将企业文化与回到“维多利亚时代价值观”联系起来。在将这一哲学应用于公共部门管理重建时，他们处于一种奇怪的幻觉之中，认为人们可以具备企业家的所有特质，并仍然会执行被告知的指令，受组织目标的驱使。当然，真正的企业家是受他自己目标的驱使，而且只对他们自己负责。结果，在20世纪的大部分时间里恪守提供公共服务承诺的公共部门，一旦向个性化的企业转变，随之而来的很快就是官僚化控制的大规模增加。公共服务道德意识遭到了致命打击，企业家精神中的自利特质浮出水面，重新获得控制权的唯一方法是制定越来越多的细节性规则和规章。

这一趋势最显著的表现是与企业文化一起出现的审计文化，公共部门组织遭受日益严苛的自我审查和外部检查的监管制度的约束。特别是在卫生和教育部门（无论是私营机构还是公立机构），一个管理者的大部分时间都耗费在给检查员提供翔实资料及应对检查本身上。

这些审计制度部分是出于控制管理者的新式自由的尝试，部分是一种应对失败的责任承担机制，并且在后者的伪装中贯
76 穿于现代社会。当责任变得个体化而非共同承担，人们便设法将责任转嫁出去，由此带来的一个结果是，私营部门管理者也需要面对沉重的外部强加来的规则，在医疗和安全领域尤为如此。如果一名雇员傻傻地从站着的椅子上掉下来，这种情况不再被视为一场愚蠢的意外。组织在法律上是有责任的，因管理松弛而酿成这类悲剧的管理者应承担责任。更诡异的是，重大的财务违规看起来并没有太让人不安，因为有大型的会计师事务所

负责财务审计，而这些事务所自己正拥抱企业文化、渴望佣金，不断地证明自己能够被客户有效收买。

与指导公共部门改革的政治家相比，私营部门的老板们通常幻想更少，而他们自己作为激烈竞争环境下的个人（这是成为商界等级体系里高管的必备素质），许多老板更乐意在新的企业规则下竞争。管理者被赋予更多自由和自主权，但这也结合了更高的绩效期待，还意味着更少的任职保障。在企业环境中，管理者被认为主要受他们自己个人工作成就的驱动，按照薪酬和晋升而非他们公司的成就或他们主管部门的成就来衡量业绩。实际上，志向远大的个人经常通过转换角色——从表现不佳或过于低调的团队，调动到更为成功的团队以寻求突破——或是换公司来获得提升，在任何一个地方都尽量少地耗费时间。通过个人激励计划来实现企业目标，高层管理者自身也从中获取最大收益。表现不佳的管理者，在过去要么需要参加再培训，要么需要找到一个有用的利基市场，现在都自由了：毕竟，如今是一个自由市场，双方都只受简单的供求规则约束。

这一方法在最容易衡量绩效的金融领域得到了极致应用。20世纪80年代至21世纪，金融部门快速膨胀，并变得非常富有，77
而在这一现象的背后，可以说是由整个实体经济或整个社会来承担代价的。在其他地方，企业价值观与我们观察到的其他一些特征相结合，打造了21世纪早期的一种独特的组织和管理方式，这种方式有时候被称为“后科层制”。

管理与后科层制

当代组织经常展现出我们上文已审视过的所有趋势的混

合。多数大型组织，无论是公共的还是私营的，都是通过经常性的改组或流程重塑以理性主义的方式寻求效率提升。与此同时，它们通过强有力的组织文化（或者是它们所希望的强有力的组织文化）来推进对共同目标的共享承诺，并要求它们的管理者根据人群关系运动的积极理念对待它们的员工。同时，它们还要求员工要具备企业家精神，广泛应用个人激励措施，根据严格的市场条件雇佣或裁员，根据情况决定是否让员工“自由”管理自己的事业。科层制变得比过去更具弹性，但大部分组织依然保有明显的等级制结构。除了首席执行官之外，每名管理者都有一名上司，同时管理者自己也是别人的上司。这种等级制结构与私人的、非正式的网络重叠，提供了沟通的主渠道。组织的核心运营元素是半自治团队，借助灵活组合以应对当今的挑战。

所有这些都使得管理变得更加有趣、要求更高。灵活性，效率驱动导致的管理团队削减，问责制的科层负担，都加剧了管理者的工作负荷，增强了管理者的任务简直无止境这一感觉。与
78 管理者角色有关的职责变得五花八门。管理者经常要身兼多重职责：对他们的直属上司负责；对组织整体负责；对与他们一起工作的同事或组员负责；对向他们汇报并依赖他们指导和支持的雇员负责；对他们的家庭和那些依赖他们友谊和关照的其他人负责；当然，还要为他们自己的个人利益负责。关于后科层制中令人惊讶的一点是，这些责任与那些更老旧、更简单的组织形态中的责任大部分是重合的，但现在这些责任却经常变得相互矛盾。自身利益、他人利益以及企业或组织的利益统统处于紧张状态。我们可以通过一两个例子来查探这一影响。按理说，一名管理者的核心工作是做好上传下达，但现在存在着一种

紧张，即将管理者视为可消耗资源，企业的这种矛盾需求体现在既需要管理者自我激励，又要维持一种不断更换管理者的环境。同样的，管理者职业中还存在着一个核心挑战，即平衡工作与家庭，但这一点在许多大型组织中都不可能实现平衡，因为满足经济安全的需求与出席并参与家庭生活之间存在矛盾。管理者的另一半经常宣称，管理者与他们的企业结婚了；但在过去，这些管理者就相对的工作保障而言还有一些社会联系，而现在是没有的。

无论如何，情况并非总是如此。一些企业确实为它们的管理者提供了丰富的社交和安全体验，但另一些公司则强调一种更为单纯的个人主义方式，最为明显的便是金融部门，但也分布于各经济部门，吸引着拥有共同价值观的管理者们，他们的合作伙伴肯定预先认识到了这一点。但是，很多组织则充满矛盾，而这无非只是加剧了管理压力。

当代管理的理论与实践

管理理论是累积性的。它主要由社会科学家建立并发展，与其他所有科学家一样，其理论都是基于前人成果之上。管理 79 的风尚是周期性的，或者至少是随环境变化而变化的。举例而言，战争倾向于激发出社会联系的优点，突出过度个人主义的危险性。经济发展为企业提供机会，突出个人主义的优势。不确定性催生出对理性主义和理性控制机制的渴望。政治发展本身经常是回应社会问题或经济问题，引入思维方式，并将其运用到管理环境中。

管理实践同时受到理论和流行风尚的影响，响应科学认知的新水平而迅猛发展，同时也受理论流行趋势的影响而周期性轮回。而且，不同企业、不同组织中的管理实践必然千差万别。所以，即便上文描述过的后科层制管理可能会成为当前管理的主导模式，但它并不是唯一模式。许多组织是以一种更理性化、更社会化，甚至是更个人主义的方式来开展管理，同时也有许多组织依然深度依赖传统或魅力型权威，也依然有许多组织是胁迫型管理。

管理实践还取决于组织运营所处的更广泛的文化环境。以投资银行和管理咨询为例，这类组织倾向于个人主义管理模式。重型机械行业则倾向于理性主义管理模式。创意产业以及——尽管经历了几十年企业化改革——公共部门仍呈现出更强的社会化管理趋势。

正如我们将在下一章看到的那样，理性主义文化同样造成了管理实践的重大变化。但在我们探讨理性主义文化如何产生这种影响之前，我们应先清楚地指明前面三章中体现出的日益明显的问题：美国的理念在管理理论中的压倒性优势。前文所述的大部分管理理论都起源于美国。甚至日本管理理论在本质
80 上也是美国人建立的。20世纪的大部分时间里，只有在美国，人们才学习管理理论，或者是作为学术研究者研究管理学，或者是作为大学生学习管理学，并不像其他地方那样只上手操作。甚至在20世纪七八十年代，管理学研究和教学也大部分局限在北美、英国、澳大利亚和新西兰，在其他地方效法美国模式开办的商学院，也经常使用英语作为教学语言，习惯用美国的研究文献、美国的教科书和美国的案例。甚至到了今天，全球各地的学生都去美国和英国（或者去美英设立的海外分校）完成他们的

研究生管理培训。很少有人反向而行。

因为管理研究、管理理论及全球管理教育大都基于美国模式，在管理实践中存在美国特色也就一点不奇怪了。然而，依然存在着一些变数，我们将在下一章审视这些变数。 81

第七章

跨文化管理

即使在美国，也很少有针对管理实践或管理理论应用的系统性研究。在美国之外，相关研究就更少了。然而，依然有一些跨越不同文化的管理态度的大规模研究。格特·霍夫斯泰德是这类研究的开拓者，他在20世纪60年代开始对国际商业机器公司（IBM）全球范围内的高管展开态度调查，他的研究结果首次发表在20世纪80年代。根据管理者因成长的文化背景而呈现出的显著态度差异，霍夫斯泰德识别出了四个维度，而后又扩展成五个维度（见表1）。自20世纪80年代以来，阿方斯·特朗皮纳斯和查尔斯·汉普登-特纳开展了另一个类似的研究项目，最终调查了多个国家许多不同企业的3.4万名管理者，并分析了他们在面对一系列困境时的反应，这些设定的困境旨在彰显互补性价值观之间的紧张关系。自20世纪90年代开始，罗伯特·豪斯主持的GLOBE项目利用分散在全球各地的调查者扩展了霍夫斯泰德研究的文化范围，特别关注到了领导力的文化维度。

82 霍夫斯泰德的分析遭到了其他研究者的批判，但他早期的

表1　用霍夫斯泰德三维度测量的十个国家

为了能更好显示对比结果，霍夫斯泰德的量表已被重新设置，并且在一个案例上颠倒了量表，将美国设置为100。此处没有囊括的两个维度：一是男性特质/女性特质维度，该维度遭受大量批评；另一个是长时期/短时期维度，该维度的调查对象是学生而非管理者。

个人主义（高）VS 集体主义（低）	不确定性容忍度（高）VS 不确定性容忍度（低）	平等主义或低权力距离（高）VS 等级体系或高权力距离（低）
	新加坡 575	
	中国　153	
	英国　131	
	印度　115	英国、德国　114
美国　100	美国　100	美国　100
英国　98		
法国　78	巴西　83	
德国　74	德国　71	日本　74
		韩国　67
		法国　59
印度　53	法国、韩国　54	巴西　58
日本　51	日本　51	印度　52
		中国　50
巴西　42		
新加坡、中国　22		
韩国　20		

研究成果被证明是相当可靠的，并且后来的GLOBE项目很大程度上佐证了他的研究。汉普登-特纳和特朗皮纳斯追求洞察力而非学术严谨性，将他们的经验分析与从历史学和社会学文献中搜集来的观察结果相结合，并挖掘事先就有的文化维度，而不是尝试从数据中去提炼这些维度。然而，他们的结论与其他一些研究的结论相一致，并且更多聚焦于管理问题，在此我们将他们的研究与霍夫斯泰德的一些研究结论结合起来。我们会在一开始先探讨美国文化的一些特质，包括那些有助于我们理解为什么美国的研究式教学能成为管理学的主流。然后，我们会简要浏览一下，当然也是浮光掠影看一下，其他文化背景下那些不同的态度和方式。

管理与美国文化

汉普登-特纳和特朗皮纳斯开发了两个维度：一是普遍主义与特殊主义的概念维度，二是分析与集成（或称整合）（见表2）。在这两个维度上，他们的调查都显示美国文化占据着极端位置。为了应对一系列困境，普遍而言，美国管理者的态度是最普遍主义的，他们相信同样的规则理应被公平地执行，不得对任何人有例外，也不考虑个人背景或社会环境。他们也同样是最善于分析的，他们能将问题分解成各类要素，而不是将问题视为一个整体，他们聚焦于赤裸裸的事实，而不考虑事实的背景。其他英语文化圈的管理者也有类似的趋向，但远没到美国人这种程度。与此相对，日本、新加坡和法国的管理者则采取更为特殊主义且更为整合的视角，而德国管理者则在偏好普遍主义的同时也具有整合观念。

表2　基于汉普登-特纳和特朗皮纳斯部分维度的六个国家的典型排列

调查提出了与每个维度相关的一些困境，下表提供了可从中借鉴的一个印象上的对比总结，而非单一精确的测量。

普遍主义（高）VS 特殊主义（低）	分析（高）VS 整合（低）	个人主义（高）VS 社群主义（低）	内驱导向（高）VS 外驱导向（低）	努力（高）VS 天赋（低）状态
美国	美国	美国	美国	美国
德国				
英国	英国	德国	德国	英国
		英国		
	德国	法国	法国	德国
				法国
日本	新加坡	日本	英国	
新加坡	法国			
法国	日本	新加坡	新加坡	新加坡
			日本	日本

美国人将普遍主义与分析相结合，这符合美国人对科学管理理论的渴望与信仰。简单来说，普遍主义与分析的结合接近于我所称的主导美国管理理论与实践的理性主义分析路径。科学管理、目标管理、管理科学、战略规划以及流程再造，所有这些理论都坚持要对问题进行细节性的结构分析，并提出普遍性的解决方案。情境理论则借助分析将显而易见的特殊主义变化置于一个普遍适用的单一理论之下。

然而，美国的路径走得更远，以至更为特殊主义和整合的管理视角，例如那些关注人群关系运动的理论，如麦格雷戈的Y理论，或者在20世纪80年代变得流行的日本管理原则，都被他们的美国拥护者视为源于经验分析的普遍性理论而放弃掉了。我所描述的管理中的社会化倾向，反而在美国的研究和教学中日益朝向原来它所反对的普遍性和分析性转变。

此处回顾的所有研究中一个普遍的维度是个人主义维度与集体主义/社群主义维度的竞争（尚未有合适的词汇来描述这一概念，因为所有的词语都有一些不必要的内涵）。在此，美国文化再一次占据极端位置。美国管理者比其他国家的管理者要表现得更为个人主义，前者更强调个人能力而非人际强度，个人主义超越集体动机与集体奖励，个人主义超越集体责任感，并且个人主义目标优先于社会期待。很明显，这与我所说的管理中的个人主义倾向相吻合，但个人主义倾向同样也体现在美式的管理教育和培训中。其他文化倾向于将管理者视为组织的一部分，管理者要在组织内通过学徒制的传帮带实现成长。但在美
86 国模式下，个体管理者的发展源于商学院教育，这种观念认为，作为个体，管理者能够将他们学到的（普遍性）知识应用于任何

一种组织结构中。

这些研究所暗示的美国管理文化的其他特征是相对较低的“权力距离”，或者是对平等机会的更高期待，以及将社会地位与成就而非职位联系起来的倾向。美国文化中的等级制一般是基于理性权威而非传统权威，并且与能力和成就相关，看重的是当下的能力。其他文化——以日本文化和法国文化为例——在选择人员成为等级制组织的一分子时也是竞争激烈或精英主义的，然而一旦通过选拔且地位稳固，等级制就开始占据上风。权力差异被接受，身份与职位绑定。美国的个人主义则对抗这一点。

美国管理文化在对待时间的态度上也处于谱系的极端点上。在霍夫斯泰德的量表中，相比其他大多数文化圈的被访者而言，美国人更强调短期取向。在汉普登-特纳和特朗皮纳斯的量表中，美国管理者更强调时间连续性而非共时性。过去基本上是无关紧要的，而未来又是遥远的，人应活在当下。美国人同样对不确定性有着相对较高的容忍度。个人主义将他们与强社会联系分离开，无论是在工作场合还是身处社群中，而将他们与强社会联系分离的个人主义同样在时间维度上发挥作用，将人们从历史的约束中、从对未来的担忧中解放出来。普遍主义、分析以及他们对待时间的方式结合而成为一种独特的管理方式，在这种管理方式中，分析和阐释是明晰的，继而是被区隔开的。美国管理者可能会最终陷入“勉强应付”或从经验中学习的状态，但他们通常在一开始时并没有这种打算。

最后，在以上这些研究中只是蜻蜓点水提及的东西，在其他的研究中得到了更为清楚的探讨，美国文化比其他文化更看 87

重用金钱来衡量事物。在许多方面，金钱代表能力与成就。在一个以自力更生和强职业道德为特征的文化中，带有更重视当下而非过去的取向，对社会联系保持怀疑，对继承而来的财富持矛盾态度，但美国人经常以赚了多少钱来评价对方。其他文化圈则不情愿将复杂的、定性化的价值观简约到如此地步。比如，其他文化圈会区分靠不同价值的产品或行为赚来的金钱。但在美国文化中，金钱是衡量个人成就一个完美的普遍和分析的标准。

中国文化中的管理

此处所梳理的这些研究的大部分在趋于成熟的时间点，刚好是美国和欧洲管理学术界将主要兴趣放在探讨能从日本学到些什么东西的时段。但在今天，多数自发的对比研究则专注于比较美国和中国的管理。

中国管理文化看起来与上文勾勒的美国模式共享同一个特征。中美管理者对不确定性都有着较高的容忍度。然而，双方的高容忍度与本国文化独特的时间观念有着密切联系。美国人更倾向于关注非常短的时间段，所以对未来的不确定性毫不在意；中国人偏好的时间周期更长，所以当下或近期的不确定性因过于短暂而可以被忽视。

另外，在其他多个方面，中国人和美国人的态度看起来就像是两个极端。举例而言，美国文化是高度个人主义的，中国文化则是高度集体主义的，中国人与家庭的联系极为紧密，与社区的联系却没那么密切。在中国，社会期待压倒个人目标，个人成就依托于社会成就。中文里“关系”这一概念指代私人关系网络，

人们在网络里付出和得偿个人恩惠，并照顾各方的利益。以家 88
庭关系为模型，这些关系通过家族、学校或社会联系形成大型的类家族化利益互惠和义务网络。美国人则相信针对所有人的机会平等，他们只有在基于能力和成就的基础上才会接纳权威；中国社会和中国组织则更为权威主义，大规模的权力差异和等级都是基于传统型权威，经常伴随着少许胁迫。与美国人的分析和普遍化的偏好相对，中国管理者更倾向于采取一种整合的、特殊主义的视角。特殊环境和个人关系比普遍性规则或原则更重要，整体比部分更重要。

在一个家庭忠诚和关系被视为比合约或组织的义务更重要的社会中，中国商业倾向于围绕家庭谱系来组织也就不足为奇了。甚至于，当前在证券交易所上市的许多大型企业依然保持着家族控制，以典型的简单等级制来运行，自上而下有着极强的控制力。许多古老的中国家族企业，以中国香港、中国台湾和新加坡这样的资本主义飞地为基地，已经成长为大型综合性企业集团，并长期接触西方的价值与观念。虽然这些公司采取西方的市场、财务及其他管理技术，但它们依然按照独特的中国式组织来管理，即作为事实上的大型多部门家族，更多地依靠个人关系而非合同关系连接在一起。

日本、韩国和印度

一般来讲，主要的东方文化圈国家之间的共性要比这些国家与美国文化圈之间的共性多得多，但东方国家也各有其特色。
比如，日本管理文化虽然与中国管理文化有诸多共同之处，但二 89
者在两个关键维度上依然有所不同。首先，相比中国人或美国人，日本人对不确定性的容忍度更低。其次，虽然日本人也是普遍的集体主义导向，但比其他东方文化圈表现得更为个人主义和物质主义，更看重金钱。

汉普登-特纳和特朗皮纳斯很好地捕捉到了日本人在个人主义和集体主义之间的平衡点，他们指出，美国管理者是为团队挑选个体，日本管理者则是从他们已有的个体中挑选来组建团队——然后为个人行为承担集体责任。同样的，美国人不考虑特殊情况而将普遍性规则强压到每个人头上，日本人则是从个人关系的细节推导出规则。日语中“客观”一词，翻译过来的真正含义是“客体视角”。这种平衡性还体现在其他方面。与中国人类似，日本人接受高权力差异，将权威与地位联系起来，但得先获得地位，并且权力也伴随着与之相匹配的责任。日本人的等级性可能很强，但他们是基于信任和共同义务而非权威自上而下的强迫来建构这种等级。日本人的眼光很长远，但并不像中国人那么长远，忠诚和义务在一种更间接的、中期的和组织的物质层面起作用，而不是在更长期的和家族的更情绪化层面起作用。

在日式组织中，家庭式集体责任制在某种程度上是被理想化了的，它建构在理想的和谐——“和”——这一概念之上，而在中国文化背景中它是真正的家庭，带着家庭所有的紧张和冲突。在日式组织中，信任基于经验而非合同或亲属关系，管理工作是通过行动和反思的循环过程来完成，而非遵循分析和执行的线性过程来完成。共识和协作并不能替代竞争，但可以弥补竞争的不足。一般而言，美国管理者看待事物时倾向于用黑白
90 分明、非此即彼这种术语，而日本管理者则能够理解任何相反的

两方都包含着彼此的种子，会寻求双方和解的方案。

韩国则以另一种方式混合了这些要素。韩国认同中国式强有力的家庭文化，韩国的公司主要都是家族企业。从外表看，韩国工业企业集团——财阀——看起来与日本工业企业集团——株式会社——类似，但对财阀子公司的管理在传统上都被指派给家族成员，权力的行使更多是自上而下的，个人主义的施展空间相对更小。普遍来讲，韩国的管理实践更接近中国模式而不是更接近日本模式。然而，在霍夫斯泰德对不确定性容忍和年资薪级驱动的量表中，韩国管理者在表现上更靠近他们的日本同行，韩式管理与日式管理有更多相似之处。

中美两国的管理者始终是这个世界上最能适应不确定性的，而日韩两国的管理者则一如既往地是全球最难以适应不确定性的群体。他们严格遵守严苛的社会规范，抗拒变化，并寻求确定性与安全感——通过努力工作、通过共识，甚至是通过做大量艰苦工作达成共识的方式实现这一点。按美式标准来看，他们的时间观是长期性的，且更为周期性。过去、现在和未来被视为一个有机的整体。但日韩管理者的时间观在长期性上依然比不过中国管理者。在韩国，就像是在日本那样，相对的长期导向能够与公司要服务社会长期需求的观念联系起来，而非与股东短期需求的观念联系起来。

印度则提供了另一种混合模式。与中国管理者类似，印度管理者表现得对权力差异有较高的接受度，同时对不确定性有较高的容忍度。虽然他们的时间导向是相对长期的，但明显不如我们考察过的其他东方文化圈国家那么长；同样的，印度与日 91
本类似，普遍的集体主义在一定程度上被个人主义所中和。大部分印度的管理结构总是极端等级制的，决策是自上而下的。许多印度企业同样也是家族运营，另外，在一个社会分层化的社会中，你是谁比你能做什么更重要。但印度人也喜好争辩具体细节。日本人追求共识，中国人不爱争辩，印度管理文化虽然允许争辩但最终还是老板裁决。

德国、法国、欧洲和南美

一般来讲，欧洲和南美文化位于美国模式和东方模式之间的某个位置，英国、北欧和荷兰的管理者在态度上更接近于美国人，而地中海、南美文化圈的管理者与东方文化圈的管理者更相似。举例而言，巴西与韩国在历史、文化上差异极大，但从本书的管理量表维度来看，它们看起来非常相似。两国管理者都有相对专制的态度、强家族取向、相对长期的视角，对不确定性容忍度较低。对管理者的既有调查显示，相对韩国管理文化而言，巴西的管理文化在个人主义色彩上稍重一些，但依旧是集体主义的。西班牙和意大利依然更偏向个人主义，导向上更偏短期，但它们比美国和英国要更偏好权威主义与集体主义。西班牙和意大利的企业多为家族式运营，有严苛的控制力。它们也有着更多的特殊主义色彩，怀疑普遍的规则或理论，随时准备特事特办；它们的分析性更少，更倾向于全面考察局势，更相信自己的直觉。

德国和法国是欧洲两个最大的经济体，它们的管理文化也居于两极之间，但两国文化也都是有趣的例外。德国人在普遍
92 主义和对权力差异的排斥上与美国人有点相似。他们相信普遍的规则、普遍的理论，相信能力和成就。然而，他们更多地持

有一种综合的或整体的视角，而不是分析的视角，他们能够用个人主义平衡集体主义。德国公司与日本公司类似，传统上被认为是为了社会的长期利益而非短期利益工作。它们是合意管理模式，在推动个人超高绩效薪酬以激励高级管理者方面，德企比欧洲其他国家企业进展要慢。德国管理者善于合作与团队参与。德国人还倾向于共时性的时间视角，并接受相对长期的导向。（奇怪的是，霍夫斯泰德在量表中把德国人归为短期主义者，但这只是他量表中五个指标中的一个，是基于对学生而非管理者的调查，看起来似乎是德国的学生通过出国留学来精准规避德国文化的影响。汉普登-特纳和特朗皮纳斯则将德国人归入极端长期主义中，这无疑符合他们对投资的态度——无论是企业层面还是社会层面——他们对储蓄而非负债的偏好更强。）

独特的是，法国人的管理既表现出个人主义的一面，又体现出对权力差异的高容忍度。他们同样持有一种独特的时间观念。汉普登-特纳和特朗皮纳斯询问他们的调查对象，让他们画三个圆以表示过去、现在和未来，多数文化圈中的管理者都有一种倾向，他们都将现在或未来的圆圈画成最大的那一个，而过去的圆圈画得最小。但法国人画圆圈的大小却完全相反（见图6）。历史于法国而言非常重要。从过去继承的财富远比当下的收入重要。法国的理智主义同样是独特的：虽然法国人是伟大的理论家，但他们的理论化倾向既是整体性的，也非常局限于理论。与美国人沉迷于经验事实不同，他们对现实世界抱有一种极端的特殊主义视角。权威是高度个性化的，强者能屏蔽规则，万物以个体的或组织的形式相互关联，所有这 93

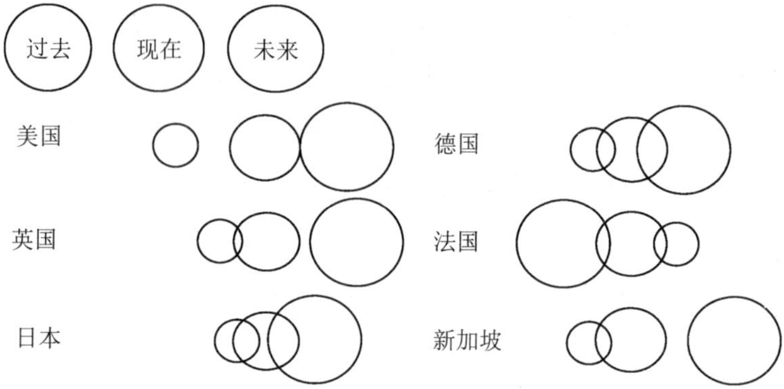

图6　连续性时间观与共时性时间观（汉普登-特纳和特朗皮纳斯）

些都是一场权力游戏。法式组织的典型运行既不像中国那样通过简单的权威，也不像日本或德国那样通过合作与共识，而是通过政治协商。

受篇幅所限，上面的草图不可避免地只是简笔画而已。一如我们在前文以共存倾向来展开对管理理论和实践的综述，此处的研究只覆盖了文化倾向，而非文化现实。特别是汉普登-特纳和特朗皮纳斯的问题被置于两难困境中，两端都有明显的价值。在任何一种文化中，不同个体以不同的方式回应文化，但在研究时却将文化描述为一种普遍性的东西，实际上，这也只是简单地说明了调查对象展现出一种统计学上的倾向，支持对环境采取普遍化概念而非特殊化概念。然而，尽管存在许多特殊性，这种框架依然为不同文化圈中管理者的态度范畴提供了一些观点，并指出了这些态度有各种组合形式。考虑到美国人在管理理论和教育上的主导地位，以及美国跨国公司的权势和辐射度，
94 现如今，世界各地的管理都参照美国模式。但即便是美国管理理念被其他文化圈所吸收，这些理念也经常会按照东道国文化

的价值和需求有所裁减。特别是，个人关系以及权威的传统模式是全球范围的管理实践一个更加重要的部分，比美国管理教条所建议的重要得多。 95

第八章

管理的批判视角

对于那些参与管理的人，无论是管理者本人，还是咨询师或学者，管理工作多是一种兼具技术性与个人风格的事务。对于大部分管理者而言，管理是一项基本工作。管理工作的宗旨和目标通常由其他人决定，管理者则尽其所能做好工作。他们运用自己的个人或人际关系技巧、专业知识以及组织可接受的那些特殊管理技巧开展工作，针对不同文化、不同组织及不同个体的管理方式完全不同。管理者有时候可能被办公室政治所束缚，他们偶尔也需要做出道德判断，但一般而言这些都是管理工作的次要方面。成为一名管理者这件事情本身，并不带有政治或道德意味。这一点对于管理咨询师和学者而言都一样，管理只是他们所做工作的一部分，在他们看来这项工作是极具技术性的工种。

很少有人是靠着使命感成为管理者、管理咨询师或管理学学者。他们做这件事不是因为渴望表达自己，也不是渴望为社会或人类做贡献，更不是渴望在对他们而言的重要议题上表明立场。一名成功的管理者、咨询师或教授很可能会为自己的成就感到自豪，但成为一名管理者，或者在管理的相关领域工作， 96 这件事本身很难成为荣誉感之源。当然，这也不是什么让人羞耻的事情。它只是一份工作，一份良好的、受人尊敬的工作，并且对于许多人来说是一份有趣的/赚钱的工作，但说到底，它也只是一份工作。

不过，对于一些批评者来说，若从外部观察管理，上述实事求是的论述看起来颇具误导性，甚至是被刻意误导。从批判视角来看，管理似乎是非常政治化的，也并非价值中立的。对于许多蓝领工人和那些政治上的左翼分子而言，管理者经常被视为金融资本的代表、剥削的代理人。对许多金融投资者这些真正的资本代言人和操纵者而言，商业管理者长期以来一直被认为窃贼，他们利用股东的资本经营生意，是为了自己的私利，而不是为了股东的“恰当”利益（虽然股东的利益也同样自私）。最近，教育、医疗服务及艺术领域的专家们将管理者视为其意识形态的对手，认为这些管理者强行在没有他们立足之地的文化和公共服务组织中推行“管理者的”价值观（诸如“效率”“利润驱动”等）。同样的，对于学术界的“批判管理学”的学者们而言，管理实践与权力、特权的行使密切相关。

在资本和劳动之间

当“管理”这一术语被当作集合名词而用于描述组织中的管理者时，它的隐含意义中通常带有一种冲突性。对于那些自己并不是管理者的雇员来说，管理层是典型的“他们”；他们不是“我们”中的一员，他们或是隐晦或是明确地被认为对“我们”

有敌意。管理者自己可能并不会察觉到这种区分有多明显，但他们会不断被提醒存在这种情况，特别是在工人罢工时，他们会更清楚地识别出“我们”（请注意这里所使用的主格词汇——这
97 里的“我们”指的掌控者而非被掌控者）是负责管理组织的人，与需要被管理的“他们”不同。

从理论术语上看，这种冲突通常被表征为劳动与资本的冲突。这一理论来自卡尔·马克思的著作。马克思在《资本论》（1867）一书中区分了工业领域生产率提升的来源，一是源于劳动分工带来的生产率提升（正如亚当·斯密在早些时候注意到的那样），二是来自具有同样技术的工人的联合，这种联合在当时英国的大型纺织厂里十分常见。马克思观察到，人作为一种社会动物，能够从合作中获益，而与工厂体系配套的规模经济（在这种环境下许多同类机器会被放置在同一栋建筑里，共用同一动力源）有利于持续增长的企业。这些企业的资方付给工人的薪酬是维持工人工作所必需的费用——大体上相当于工人自己所能赚到的钱，不包含企业的生产率收益——资方把来自生产率收益的盈余部分据为己有。用纯粹的经济学术语来描述就是：这是一个有效的增长引擎，因为产生的盈余可以用于劳动力和机器的再投资以赚取更多盈余。但按政治学术语来看，这种增长是阶级冲突的产物，是通过富裕的上层阶级对工人的剥削与压迫来实现的。

在马克思主义者的论述中，管理者的角色通常是模棱两可的。哪怕是马克思时代的工厂也需要能协调工厂主和工人的中介人，但正如我们在第三章中注意到的那样，这些早期的管理者都来自雇主的家庭或雇员群体。后者负责监督和纪律，既是雇

员，也是资本的代理人。之后，当专业管理者作为一个新兴阶层在世纪之交登上历史舞台时，他们最天然的盟友既不是富裕雇主这类资产阶级，也不是劳工这样的工人阶级，管理者的天然盟友 98
是受过教育的专家、自我雇佣的商人这类不断壮大的中产阶级。

在大部分马克思主义分析者看来，工人视角下的管理者阶层基本被视为资本的代理人，哪怕他们在身份上是雇员。科学管理及其后的理性化管理理念很容易被归入压迫体系，在这一体系下，管理者从工人手中夺取生产过程的控制权，并借由过程控制最大化地提取工人的价值为资本家所用。虽然这类体系的拥护者可能并非具有压迫意图，但体系在实践中就是这样运转的——这是目前在许多工业场景和零售场景中一直在发生的事情。举个例子，考虑一下，麦当劳的工作人员是如何严密地按照他们的工作手册来工作，他们的工作被精简到只是按他们接收的指示去做，他们的薪酬也被相应地削减。

然而，与此同时，在20世纪，管理者同样因不按资本的利益行事而遭到批判。在20世纪30年代，阿道夫·伯利和加德纳·米恩斯识别出美国企业中存在的“所有权与经营权分离”，美国企业通过公开发行股票和出售股份的方式推动所有权多元化，同时管理控制权也从家族所有者经理人向受雇职业经理人群体过渡。

由此引发了两类问题。一类问题是社会层面的。在19世纪，家族企业对他们本地市镇社区的投入非常大，因为它们与这些社区联系紧密。利润流向家族，但家族成员居住在社区中，依赖社区提供工人，他们自然地就会投资学校、慈善机构等。然而，20世纪的企业是由雇员管理的本地工厂。利润不能由管理

者支配，与本地社区的联系也被破坏掉了。从某种意义上说，第二类问题是同一硬币的另一面。既然工厂的管理者不再是所有
99 者，因此就出现了利益冲突，即：管理者为所有者谋取最大利益的职责与他们服务自身利益的诱惑之间的利益冲突。比如，管理者可以通过壮大公司以创造更多更好的管理职位，也可以通过放纵雇员创造一个让自己更舒适的环境，甚至还可以采取措施防止被接管。

第一个问题在当时得到了热烈的讨论，但很快就被遗忘。第二个问题因为现实中无法解决而从一开始就被搁置，但随着20世纪70年代经济学中代理理论的兴起，这一问题又重新浮出水面，自此之后便成为公司治理的主导性议题。在一份关于公司治理研究的综述中，经济学家安德烈·施莱弗和罗伯特·维什尼将核心问题总结为“投资人怎么才能让管理者［此处对管理者的假设是完全的利己主义者］把本属于投资人的钱归还他们”。

从财务上看，多数资深管理者把这对矛盾处理得特别好。激励薪酬包被设计出来，将管理者的利益与其他股东的利益捆绑起来，使得经理人比他们的前辈富裕得多。并且，无论管理者最初有怎样的悲悯心，多数资深管理者毫无疑问地团结在金融资本利益周围。然而，中低层管理者的表现不尽如人意，他们从蛛丝马迹中发现自己经受的剥削与过去的蓝领工人并无不同。他们的每一分业绩都被榨干了，创造的价值被他人据为己有，并且随着定期裁员和就业市场竞争，无论是经济回报还是传统的生活质量都被管理工作侵蚀了。

任何一名业务经理都对企业老板或股东利润最大化负有责

任，同时还肩负着关照企业雇员的责任。管理者几乎是不可避免地夹在资本和劳工之间，以及与这些相关联的阶级利益之间。战后管理学的鼎盛时期恰恰是中产阶级价值观的鼎盛期，也是 100
中产阶级主导政治议题的鼎盛期，当然并不是巧合，与责任相伴而来的是较高的社会地位。管理者是他们当地社区的中流砥柱，因他们的职业操守和责任心受到尊重，并且通常能够在任何政治冲突中占据优势地位。在少数国家，最著名的是德国，这一现象依然占据主流。然而，在过去的二十年间，出现了一个新贵阶层，无论是在发达经济体还是发展中经济体，他们都设法掌握了社会中的大部分财富，并借此在政治上获得主导地位。管理层，从掌控占主导地位的中心，正陷入变成受挤压的中间层的风险，由于缺乏进取心而被资本轻视剥削，亦因缺乏团结性而受到劳工阶层的蔑视和压榨。

管理与职业伦理

管理层这种模棱两可的立场也反映在对管理伦理的讨论中，管理实践和管理学术研究都有相关的讨论。由于管理者的工作涉及对人的管理，我们或许能想到管理伦理理应彰显那些对于人而言最重要的东西：人的情感、伦理道德及其他。然而，主导管理的理性化趋势则倾向于排斥这些因素。实际上，在哲学家阿拉斯代尔·麦金泰尔看来，这种趋势使我们能精准识别出管理者的典型特性，他在20世纪80年代写道：

> 管理者自己以及多数管理学学者将管理者设想成道德中立的，管理者的技能使得他们能够设计出最有效的方式

以达成他们所提议的任何目标。在主流观点看来，一名管理者是否有能力是一个问题，而他在有效地追求目标实现
101 时是否符合相应的道德是另一个问题。

从这点上看，商学院和管理咨询行业中实际的主导性看法是，管理是一种纯粹的技术性事务，这一看法也存在于管理实践的诸多领域之中。将管理视为技术就能让它与通常考虑的人类价值无关，管理变成了完全在经济理性和效率的价值框架内运作的事务。但这触到了教师和医生的逆鳞，这类人群坚信中学、大学和医院理应为人服务，而不是为利润服务，他们将自己上面的管理者视为叛徒和变节者。然而，就管理与资本之间的关系而言，尚不清楚的是，管理变成技术工种这件事到底在多大程度上是管理者主动选择的，又在多大程度上是资本强加的。

社会学家斯坦利·迪兹在其著作《企业殖民主义时代下的民众》（仅从书名看不出来它的内容）中提供了一项对管理状态最为透彻的分析。根据迪兹的观点，现代企业（以及我们可能需要补充的，更为普遍的大型组织）的思维和行事风格体现出一种他所谓的管理主义特征，这种特征特色鲜明。管理主义最引人注目的特征是对手段的强调，认为手段应超越目的，甚至到了强调手段本身就是目的的地步。经济效率成为重中之重，目标或价值方面的所有问题虽然未被忽略，但被管理主义主动抑制了。举例而言，道德问题不能在工作中公开讨论，只能在被转化为经济学术语后才能得到解决——如此一来，道德问题被简约为价格问题。情感问题有着同样的被抑制的遭遇。既然任何一项个人问题都可能会触发对价值观、个人隐私等的扰动，那就要尽可

能地将决策机制化以规避情感问题。

显而易见，这种情形有着深刻的现实根源。比如，普遍而言，管理者乃至雇员经常与自己的爱人在家里讨论那些他们在工作中担忧的道德问题，但他们都会觉得很难将这些话题在工作单位直接摊开来讲。从这个意义上讲，管理主义明确地服务 102
于管理者的某些集体利益或阶层利益。在理性分析、经济效率的世界中，他们是行家里手，管理学教师、管理咨询师都要靠他们养活。排除掉目的、道德价值及情感体验这些问题，就能有效地将一些人边缘化了。这些人包括工人及工人的家庭、社区，以及可能会受公司影响的其他股东，甚至包括那些其在公司中的利益与管理层的工具性利益有冲突的股东。即便公司所有者自己的首要利益是盈利，管理者对专业技能的声称也能使他们自由地做出任何商业决策。

然而，与此同时，这种让管理者受益的管理主义也能反噬管理者。管理者个人判断或价值判断的范畴受到限制，当然一些人可能很喜欢这一点——一项纯粹的技术工种是摆脱家庭生活需求的一种受欢迎的方式——但更多人讨厌它。就像迪兹注意到的那样，管理主义也携带着让其消亡的种子。当管理工作变得越来越常规化、技术化，对管理者的需求也就越来越不明显，特别是当今社会上充满了各种精密的信息系统和决策工具能替代管理者。技术管理的崛起通常被赋予名为“专业化”的术语，但专家的一个关键特质就体现在对其判断力的运用上，包括对其道德判断、对以科学和技术训练为基础的判断力的运用。早期的商学院意识到了这一点，将管理技术视为工具，应用时明智且审慎，但最近几十年“技术”一统天下，可以说，管理不再像是一种职业，更像是一种交易。

批判管理学研究

绝大多数管理学学术研究在根源上就是功能性的。其目标
103 是提升管理技术，并且在应用社会科学中建立一个知识基础来帮助人们更有效地管理——这通常意味着更有效率。迪兹的著作发表于1992年，是非常有创新性的一部著作，与传统学术著作非常不同。这部著作尝试从描述的角度而非规范的角度来理解管理和组织。它尤其尝试去描绘那些支持主导管理实践和话语的社会和政治力量：批判性质疑并解构主流管理理念和实践中所暗含的那些理所当然的假设。迪兹本人吸收了该领域另外两位先驱马茨·艾尔维森和休·威尔莫特的成果，他们的著作《了解管理学：批判性理论导论》是该领域的核心文本。在这些成果的基础上，在“批判管理学研究”名义之下现已有了规模庞大的研究。

这里的“批判”一词最早指代马克思主义的批判传统和受马克思主义影响的独特的社会学“批判理论”，即被称为法兰克福学派的理论流派。当今的批判管理学研究包含了范围极广的理论观点，借鉴了社会学理论和精神分析，但对管理学产生主要影响的，尤其是对迪兹及其后产生重大影响的马克思主义批判理论，是法兰克福学派的于尔根·哈贝马斯和法国的社会学家米歇尔·福柯。遵循马克思主义批判路径和批判理论，批判管理学研究延续了对剥削系统的关注，剥削系统如何伪装成合法的系统、如何在被剥削者的准许之下运作。从表面上看，社会秩序的那些自然的、必然的甚至不言而喻的特征，其实是社会和政

治建构的产物，从而将特殊阶级的利益自然化和普遍化了。

一个特别的关注点是哈贝马斯（源于韦伯）对手段导向的工具理性和目标导向的实践理性的区分。有观点认为，在现代 104
企业中，在更为普遍的现代社会中，手段导向的理性宣称掌握了所有的理性空间，排斥了道德、评判和合理对话的意见交换。在管理学中，即便是在第五章中所讨论到的对话、共识和社会化趋势中的人的因素，也变成了一种单纯的理性控制手段，这种控制手段逐步渗透到对员工感受、员工行为的控制之中。

更为普遍的是，批判管理学学者还指出，理性和效率这类看似客观的标准在某种程度上同样是由社会性和政治性因素决定的。比如，什么是合理性，是可以被质疑的。韦伯式的理性权威与它所取代的传统权威一样，都给予特定利益以特权。管理的理性路径使得受教育阶层相比依赖经验的劳动力阶层获得了更多特权，至少从历史上看，理性路径赋予了男性相对女性更多的特权。效率和经济理性概念，使得那些只关注经济和短期利益的人比那些重视长期和难以计算利益的人享有更多特权。

批判管理学研究的第二大流派源于福柯，特别是源于他的权力-知识关系的概念。在福柯看来，社会环境是众多相互竞争、相互影响的话语的产物，思想和表达系统（有物理上的也有语言上的）塑造了我们对自己及周遭世界的看法。社会是永恒流变力量的产物，相关观念是破碎的、不稳定的，权力关系也是如此。批判理论家将既定秩序视为主导政治利益的产物。福柯主义者则认为权力是话语结构自身中所固有的，我们选择的词语和表达方式，我们认可的知识，我们设想关系的方式，我们为
了生活的秩序和意义所接受的常规，所有这些都蕴含着权力。 105

这些常规可能是被强加的，并且，当规训措施取代强制性关系时一种特殊形式的权力就浮现出来——比如，工人被生产线所控制，管理者受财务原则、审计文化或特定管理技术的控制。但在福柯的世界中，总有反抗的余地，所有关系都有特定的适用场景，这使得只探讨掌握权力、行使权力变得没有意义。从这个角度来看，管理的理性化意识形态既不是由一个团体强加给另一个团体，也没有什么客观正确性和恰当性，而是从特定的社会-历史环境中涌现出来的，它既为管理行为提供滋养，也限制了管理行为本身。

批判管理学学者倾向于更多地聚焦揭示压迫而非纠正压迫。实际上，在管理学的学术研究中存在着对劳动分工的好奇，那些关注提升管理技巧的主流学者不情愿后退一步将管理视为需要理解的对象，但批判管理学学者也不愿意采取任何措施，既不愿意脱离他们特定的理论基础去寻找对管理更为宽泛的理解，也不愿意与管理者接洽并将自己的发现应用于生产实践。哈贝马斯自己首要的关注点是解放性的：寻找一种比主导当代生活的理性更宽泛的理性概念，通过公开对话让那些被遮蔽了利益的群体发声。福柯同样关注赋予少数派以权力，为他们开放政治空间。然而，当涉及应用到管理时，这类目标在很大程度
106 上依然是一个面向未来的项目。

第九章

管理的意义建构

我写作本书的一个目的，是让缺乏管理知识或管理经验的人理解管理。我们理解事物的方式是将其融入叙事或故事之中。在上文中，我讲了管理理论的产生、管理实践的演变，在这一过程中管理者和管理学家占据舞台的中央。我还讲了另外两个事情：其一，管理者被视为强盗而非英雄；其二，管理者仅是小角色，他们扮演的角色受社会、文化、经济等这些他们无法控制的力量支配。许多教师和学者坚持仅仅围绕这些叙事中的某一部分来讲述。以大致同样的方式，政治家们也坚持用特定的叙事视角看待国家的状态及其所面临的问题。但世界并非如此简单。每个叙事都强调某些方面的重要性，但这是以掩盖或否认其他同等重要的问题为代价的。无论我们偏好用哪种方式来理解事物，总能有另一种方式可以让我们理解它们。

除了成为其他人的故事中的角色以外，管理者自己同样也是讲故事的人。正如我们在第二章看到的那样，管理者的一项重要工作就是了解他们所处的环境，既是为了他们自己，也是为

107 了他们所要管理的群体。有时候，管理者只是简单传达或适度改编公司大老板们告诉他们的故事：公司是怎么发展起来的？要往哪里发展？为什么要选这条路？怎么实现发展目标？但有时候，特别是作为领导者，管理者也需要自己去建构意义。

意义建构的重要性

组织学家以一种独特且十分复杂的方式使用“意义建构”这一术语。卡尔·韦克在他的权威考察中，花了六十页去定义“意义建构”，之后又花了另外一百多页完善该定义。“意义建构”的概念虽然粗括，但它大体上指的是一种持续的进程，借助这种进程我们个体或集体可以重新书写过去所发生的事情并借此来理解当下，基于一种我们作为某种特定类型的人可以接受（既被我们自己也被他人接受）的视角，将过去和现在一起容纳进貌似可信的故事中。

此前，我们注意到了赫伯特·西蒙的观察，即：我们永远也别想完全解析周遭世界，也别想着世上有这种分析，我们只能满足于或者是勉强接受一种“够用”的分析。关于意义建构的理念源于这样一种观察：世界比我们认为的要复杂得多。我们置身其中的社会或精神世界如此复杂、如此丰富，以至于有十分强的弹性，这种弹性能够容纳一系列非常广泛的解释。一旦我们超越了最简单的事实或事件，就无法抽象出客观的观点，也很难获知真相。然而，我们必须要有一些对事态的分析视角和一些参考性框架以指引行动，否则我们就完全无法行动。并且，我们需要一种看事情的视角，以使得我们能够与自己共处——授予自身一种稳定且可被接受的身份。总体而言，我们还需要一种对事件的解读版本，使我们理解彼此的话语和行为，让社会性互动变得可能。这些故事都需要特定的事实一致性，但由于我们永远也无法获知有关事实的完整知识，因此合理性就比准确性更重要。 108

意义建构的一项重要特征就是它的回溯性。我们只能在一个简单的层面关注已经发生的某事，而在我们做完它之前，我们甚至都无法完全理解我们自己正在做什么。即使我们在做某事前已经有了一个理由，但当我们回想它时，我们总会质疑原来那个理由或者找出其他理由。行动也会让我们相信特定的故事，因为我们会回顾性地解释它们，并使它们对于我们或其他人而言更加易于理解。社会学家哈罗德·加芬克尔观察到，陪审团成员并非在做出判决前就对于哪些事实是重要的达成一致意见，而往往是先做出判决，然后才在哪些事实是重要的达成一致。

陪审团面临特殊的情况，因为他们通常要被迫在两个或多或少都言之有理的故事中做出选择，这两个故事都以某种方式符合事实。他们没得选，只能二择一，再将事实套进去。日常生活中处处可见这种情况。我们每个人都发展出一套对世界、对我们在世界中所处位置的叙事，我们在这套叙事中找到合理的舒适点。但更多的时候，我们将新事件、新经验以及新的社会互动纳入那套叙事中，或许会对既有的叙事进行微调，但我们很少会去认真地质疑它。有时候会发生一些与我们的感觉非常不协调的事件，这些事件引发我们重新考虑、重新修正既有叙事。但通常情况下，我们并不是回到事实，对现实进行重新分析。更常见的是，我们会选择一种更好、更让人感到舒适的替代性叙事，使叙事匹配已知的事实。

意义建构的另一个特征是它依赖于文化假设和信仰。我们在上一章写到一些批判管理学学者将管理学、管理实践和管理知识视为意识形态建构的产物。聚焦事物的一些方面，同时不可避免地隐藏起事物的其他方面，这本身就是理解事物的一种
109 方式。但认识到任何意义的形成都超越了单纯的现实且依赖于意识形态、文化、情绪及其他，并不单单是为了批判。事实只有在与理论联系在一起的时候才具有意义，并且，当我们尝试给日常生活赋予意义时，我们所使用的相关理论——我们仅能使用的那些理论——都深植于我们的信仰、价值观和感受。

最后，意义建构并不单单是一个反思过程，还是一个主动赋予的过程。我们根据自己对世界的理解行事，我们不单单全然遵从这种理解，更会强行将这种理解推而广之。我们的言辞、行动都自带对回应的期待，这是行动与反馈、期待与确认的运作模式，维系着我们生活在其中的那个由社会建构出来的世界的稳定性。

组织中的意义建构

意义建构存在于社会生活的方方面面，但它在组织中尤为明显。在每一天的社会活动中，我们并不会被不断要求提供意义阐释。我们那由血缘、友谊关系主导的生活演进得相对缓慢，在其中意义是被广泛共享并且极少受到挑战的。只有在社会层面、政治层面或者情感层面发生某些剧变时，意义建构问题才会被摆上台面。组织则是一种更加动态的共同体。人来人往，那些新来的一般是完全的陌生人，需要立刻适应环境。这就意味着为组织提供凝聚力的集体性叙事要比家族或其他共同体叙事

更直接明了，更易于构建。并且，由于组织比其他社会群体的人为特色更浓，因此组织叙事的人工痕迹也就更明显。

组织环境的作用往往更加直接，比如，会通过竞争压力或财务成效来体现，并且组织环境变化得也更快。这为意义建构带来压力，因为：一方面，叙事要能变化以适应新的环境，这给叙事 110
带来更大压力；另一方面，组织叙事更为简洁的特性使得它们变得更加难以修正。在日常生活中，我们倾向于逐渐从一个故事滑向另一个故事，先是悄悄删掉已经不合适的元素，然后再逐步引入合适的新元素。然而，对元素的删减与添加又取决于有能力短暂地篡改或规避事件，考虑到组织需要更为清晰明了的叙事，删减与添加组织叙事就变得更加困难。

在个体层面，与作为社会共同体的一员相比，作为企业雇员的个体要负更多责任也更为脆弱。在升职或不升职、业绩考评以及裁员威胁等等的压力下，自我同一性是非常脆弱的。然而，在私人生活中，你能够保持自我，在感知到事情进展时可以保持沉默，但一名管理者是没有这种自由的。她必须时时刻刻准备好向其他人报告自己的情况——这种报告使得更大的叙事变得有意义。

除了加强对汇报的要求外，组织还强化了对特定行为的要求。在社会生活中，当事情发生改变时，我们往往要花时间去理解这种改变。我们会停下来一段时间，骑墙观望，不发言、不行动，直到我们自己构造出一个能让自己感到舒服的叙事。然而，在工作组织中的人们一旦停止行动就拿不到薪水。他们，特别是管理者，都是依照行为表现领取薪俸。付给管理者薪酬，就是让他们跟上快速变化的环境。特别是在一个竞争性环境中，妥当地理解过去的问题不能给人留下印象。环境需要的是对当下问题的理解，不管这种理解有多么不完美。因此，在组织的环境下，意义建构更有可能来自行动。你先做事，并在做事之后构建
111 一个叙事来证明行为的合理性，并让你周围的人理解它。

作为意义建构者的管理者

意义建构视角为我们理解管理的相关问题提供了有趣的洞见。在此，我们简要分析一下三种意义建构的方式：决策、领导力及变革管理。

对管理工作的惯常理解认为：管理者解决问题、做决策或者做出选择。然而，在解决一个问题之前，你得先将这个问题表达出来，按说这才是最关键的管理挑战。只有通过了解情况，管理者才能提出有价值的问题，然而，一旦问题以特定方式被揭示出来，解决方案就会自动从天而降。当你到了要做决策的那个点的时候，决策就已经有效地被做出了。如果让我们举个简单的例子，好比说，一名管理者要选择投资这个产品还是那个产品，当她这样表述的时候，这看起来就好像是一个简单的算术题。但关键在于她选择的权衡方式：什么样的标准是重要的，怎么衡量，诸如此类。而这种权衡反过来又依赖于她所属公司看待世界的方式（战略上的、价值观上的），以及当她将公司叙事应用于她所面对的情境时构建出的特殊意义。

再举个例子，环境的变化可能经常被描述为威胁或机遇。这取决于怎么呈现变化，怎么理解变化，即便人们看到的数据是相同的，但人们也可能做出完全相反的反应。被要求按威胁来应对的管理者跟被要求按机遇来应对的管理者，会做出不同的

决策。

决策并不总是这样做出来的。有时候，管理者需要做出决策，果断地采取行动，但没有任何叙事能够指引他们。在这种情况下，行为有效地构建了叙事——就好像是在面临两条人生道 112
路时却没有在两者之间做出决定的清晰依据，我们之所以会选择这条或那条路完全“取决于”我们是谁。然而，在管理情境中，决策不仅仅是个人的，这类决策行为依然要有背后的叙事。韦克曾讲过一个故事，这个故事最早出自心理学家艾伯特·圣捷尔吉，讲的是一组孤军在阿尔卑斯山脉遭遇意外且持续的暴风雪的故事。他们迷路了三天，正打算放弃，但其中一人在口袋中发现了一张地图，借着这张地图他们知道了自己的方位、找到了回家的路。事后，队长要求查看地图时，他发现那是张比利牛斯山的地图，不是阿尔卑斯山的地图。那的确是张地图，却似是而非，但恰是地图让人们采取行动，而不是在绝望中坐以待毙。

为了说明没有地图会发生什么事情，韦克讲述了在20世纪50年代由斯坦利·米尔格拉姆开展的一些著名试验。被试按要求参加一场“学习”试验，在该试验中，如果被试没能给研究人员做出正确回应，就会遭遇更为猛烈的电击，这一切由志愿者执行。实际上，这个试验是假的，遭受电击的并不是志愿者而是演员，但执行电击的人并不知情。米尔格拉姆发现，如果研究人员在发布指令时特别冷静，尽管有明显证据显示被试正在遭遇什么，但志愿者仍倾向于将电击增加到足以致死的地步。这个例子往往被用作权威在场时无条件服从的例子，但这个例子同样也可以用来说明当人们搞不清状况时会做出何种行为的例证。当缺乏意义建构叙事时，人们会丧失行为能力，只能服从指令行事。

组织需要人们采取行动，并且，如果人们采取行动，他们就需要意义建构框架。你可以给某人提供各种各样的信息，但只有当你给他们提供一个叙事或一个框架时，他们才能理解这些
113 信息，不迷失在信息里。管理者的一项主要工作就是确保人们有这样的框架，有时候，如果人们没有可供使用的框架，管理者就应当打造一个框架。此时，管理就变成了领导力。就像我们经常被告知的那样，不管什么决定都比没有决定要好，不管什么样的框架蓝图都要好过没有蓝图、没有框架，而领导力的一项主要内容就是提供意义。

就像是我们在第二章提到的那样，作为领导力的管理在变局期尤为重要，在变局期，组织的意义建构变得十分具有挑战性。我们在上文说到组织叙事尤其难以调整。一旦建构了特定的“意义”并推而广之，就会始终存在一种惯性，无论在什么情况下，都得根据既定叙事来解释所有新的证据、新的事件。组织渴求明确叙事、重复叙事的本性加剧了这种惯性。我们在第四章介绍的“群体思维”也加剧了这种趋势。在商业组织中，理解事物的方式通常是在过去的竞争中取得过成功的那种方式，竞争环境既可以是变革的动力，同样也会成为变革的制约因素。新的事件可能是向外部发出需要变化的信号，但这种信号要么被忽视，要么被解释，如有必要还会被重新解释，以确信认识事物的既有模式——或者仅是对既有模式进行微调。只有巨大的冲击或严重的不协调才能迫使人们改变看法。

组织需要改变以适应他们所处的不断变动的环境，这对于管理者而言才是真正的挑战。在企业中，首席执行官经常是塑造对事物普遍看法的主导者，并且会在个人层面认同当下的战

略。高层管理者都接受了对事物的共享观念。巨大的投入就是
为了持续地重复一个连贯的叙事——对雇员，以及在大公司中，
对股东、对媒体而言——这种投入是如此巨大，以至于挑战这种
叙事变得不可能。同样的，对于中层管理者而言，他们需要按 114
照既定的企业叙事来理解事物，但这一要求限制了他们用新的
理解方式回应外部影响的能力。教育新员工理解组织思想的需
求，限制了他们以富有成效的方式运用全新的、局外人的视角理
解事物的能力。

当财报业绩变得不可持续或媒体评论变得不可忍受的时
候，大企业最终会改变它们的叙事。那时，它们的典型举动是更
换首席执行官，物色新人选，新的候选人会有几个月宽限期去
梳理企业的意义建构，提供新的叙事框架。如果新框架由上至
下得到强有力的推广，新叙事可能会取代旧叙事。这一过程十
分艰辛，它严重依赖那些能破坏看待事物既定方式的外部因素。
当组织甚少暴露于外部批评或市场力量时，变化就格外艰难。
这时候，管理者不仅要创造新的叙事，还需要找到有效的方法去
挑战旧的叙事，或者至少是修正、重新诠释旧的叙事，并加快速
度人为再造日常生活中自然发生的各种进程。 115

第十章

管理与道德

在第八章，我们看到了管理是不道德的这一图景，我们还讨论了现代组织作为一种设置将所有的道德问题排除在外。第六章中所描述的当代管理中强烈的个性化趋势也指向了同样的方向。对于管理学的批判学派而言，道德考量的缺失是错误的，但对于那些当代管理模式的倡导者而言，道德考量的缺失既是生活中的经验性事实，更是一种经济德行。按这种世界观或这种理解事物的方式来看，人生而自利，而对社会最有效的创造财富的方式是不干扰这种自利。如果管理者因道德问题而忧心忡忡，那只会让他们的企业降低效率。

但另一方面，在第二章里，我们将管理实践描述为一种固有的社会活动，这使得它看起来需要一种必不可少的道德维度。我们在第五章对管理的社会化趋势的讨论，以及在本书开篇所写的隐喻都强化了这一图景，管理者的工作被比喻成家务重压下疲惫不堪的父母的“应对”或“掌管”。并且，像我们在第九章里讨论的那样，管理者如果的确是叙事的塑造者、传颂者，那么管理职务本身似乎也蕴含着一些道德责任。回到开篇那个家庭的比喻，我们给孩子们讲的故事是他们道德教育的基础，我们 116 将自己对世界的理解传递给孩子。如果管理者叙述的故事中完全没有伦理或道德层面考量，会显得非常奇怪。

虽然这种紧张关系在不同的文化和组织设置中有着不同的表现形式，但这种紧张关系是管理中长期以来所特有的。传统的科层制企业在许多方面都是传统道德共同体，以其所处社会的道德为底色。等级结构伴随着责任的道德规范，在这种道德体系中，每个成员都通过切实发挥好自己特定的作用来服务于整体利益。批评者认为这在道德上是残缺的。科层制为所有事务和管理者设定规则，管理者是作为办公室主管而非单个个体来行事，除了服从规则以外不能做其他任何事情，哪怕组织的目标非常不道德，管理者也会服从。社会学家齐格蒙特·鲍曼指出，科层制组织使得大屠杀变得可能，他以此为例来说明科层制技术的去人性化影响。

虽然总是存在着肆无忌惮的领导者用科层制来达到不道德目的的风险，但这种情况终究是一种病态。它依赖于权力的运用，通过魅力或者胁迫，用一种将科层制典范模式完全扭曲的方式来运用权力。在运行良好的科层制中，领导者或首席执行官与其他人一样是共同体的服务者。员工对组织的责任伴随着管理者与员工的相互责任，管理者需要照顾好雇员，尊重他们的私生活。期待管理者行事公正并遵守规则，实际上都是有道德基础的。与其说科层制剥离了道德，不如说科层制强加的是道德的特殊形式，其中的道德义务不允许有任何例外。

其他形式的科层制会以适合其所属文化的方式达成相似的

117 效果。以中国公司的科层制为例，它更加私人化，既依赖传统型权威，也依赖理性权威。这类企业强加的道德是一种私人的、家庭的忠诚，这反映了中国社会的主导道德。日本企业强加的是合意道德，看起来权威性更弱。承认每个人的观点，接受由雇佣关系带来的长期义务，日本企业看起来更像是理想的道德共同体。但这种道德仍然是为了压制批评者：合意一旦达成就有约束力。同时，日本企业会保护狭义的管理者利益，但它并不关心管理者的家庭。

即使等级制依赖更少的后科层制组织，也被强加了一种道德。但在这种情况下，冲突更加尖锐，因为所强加的道德是一种自利的道德。当然，你可以强制要求服从于规则或老板，但你无法以同等方式来强加自利。在后科层制中，管理者依然可以自由地充当传统道德的代理人，照顾好其他人的利益。但如果她的业绩无法满足既定标准，她也会“自由地”失去工作。此外，在这种无情的压力之下履职，人很难有空间去进行道德反思。如果我们看一下近年来商业道德方面那些最致命的失败——比如，拖垮安然公司和安达信会计师事务所，或是世通公司、雷曼兄弟公司的那些行为——很明显，许多人都知道或是感知到出了什么问题，但这些人都沉浸在自己或他们公司的财务业绩上，很少停下来思考到底出了什么问题。

以上那些丑闻以及许多近年来曝出的道德败坏行为都发生在金融部门，在金融行业，在金钱上自利的价值观得到了积极推广。金融部门的企业经常看起来沉浸于自己的世界中运作，其中的万事万物都被视为高风险的电脑游戏，完全与日常世界的人和事物断开联系。在这样的世界中，常规道德考量往往被

视为无关紧要的。此外，与电脑游戏一样，金融交易是引人入胜 118
的、高消耗性的，使人们既没有时间也没有精力去反思超出工作直接要求以外的任何事情。其他行业中的企业，或者其他类型的组织，与日常生活互动更为直接，自利的偏好和工作压力都没有金融业那么极端。

可以说，目前更为普遍的大趋势是，管理技术层面的大部分工作都可以借助计算机系统来完成，而留给人类管理者的主要是道德层面领导力的任务。从这个角度看，管理者的核心功能是从人的个体自利中激活普遍利益，提供能够激发人们全部潜力的叙事，不仅运用他们的管理技巧，而且运用他们的判断力，来处理那些源于特定个人情形的异常情形。

让我们回到管理实践，回到管理者每天都会面对的那些情况。举例而言，一名事业有成的雇员发现她自己需要修改工作安排以腾出时间来照顾幼子，但这并不是她的错。她计划每周投入五十多个小时给自己的团队，但她需要每天有几个小时不受干扰的时间，远离邮件、短信和电话。她的同事一开始还会同情她，但几周后便会不耐烦和愤怒。同事们发现，她需要在家的时间恰好是他们最适合开会的时间，管理者就不得不好好安排一下事情。或者，再举一例：一名经理正试图为一项重要任务组建团队，需要就人选做出选择。一个是经验丰富、表现让人满意的雇员；另一个则更为年轻一些，既可能才华横溢，也可能表现平平，但做好了接受测试的准备并需要学习经验。

这种选择困境不存在任何技术上的标准答案。管理者需
要基于特定情况来判断局势，需要考虑涉及什么样的人、工作团 119
队的动力等。并且，决策的实施方式——如何叙事、如何构建意

义——与如何做出选择一样重要。更重要的是，叙事的一大关键部分就是道德感。管理者的管理要有效，她的决策就要看起来公正，值得尊敬，照顾到受影响的人，对组织尽职尽责，等等。

当我们回到管理的日常实践时，我们就进入了一种完全不同于管理家庭危机的情况。家庭的情况在各方面都有所不同。感觉和情绪更为重要，宣泄情感也更能被接受，甚至是被期待的。但管理日常生活的社会规范（其他人对我们行为的期待）与管理工作状态的规范完全不同。在家庭环境中，我们更加清楚的是，虽然以短期利益行事更有吸引力——当今甚至被社会所接受——但长期看，这样做不会让我们开心。我们换工作很容易，但更换家庭乃至社区都不是那么容易，在家庭和社区中，其他人如何行事会对我们的行为和期待产生影响。但管理者也是人，虽然他们谈论起有关自己的事情时可能在某些方面有所不同，但他们无论是在公司里还是在家里都是同样的人。他们无论在哪都有感情，他们在哪种场合下都有能力回应他人的感受，并做出合理的实际判断。管理工作的时间压力可能会比较苛刻，但家庭生活也不是全然没有压力，尤其是对那些身在职场的妈妈、家有残障者需要照顾的人以及承担社区重大责任的人而言。

在家和在公司一样，道德行为都取决于参与道德事务的决心。如果人们只是关心自己，无论是主动伤害他人以达到自己目的，或者是忽视他人只考虑自己舒服，无论他们是否承受压
120 力，他们都不会是好的管理者，也不会是好的父母。

此外，虽然特定管理环境中出现的道德情境通常是该环境中特有的，但这些问题不存在特别的技术难度。随着新技术的

持续发展，在科学和医药领域中会出现一些道德问题（基因工程大概就是个例子，或者是延长将死之人寿命的那种技术），这些问题是前所未有的，会带来深刻的哲学挑战。但管理者面对的情况很少是这样的。他们可能需要一些与管理环境相关的技术性知识——如会计方法、市场分析或工程学等——但当遭遇的问题涉及明显的道德问题时，大部分管理者有能力轻松分辨对错，跟日常生活中分辨对错一样轻松。难点不在于承认问题后立刻就解决它，难点在于一开始就直面问题。

这也是为什么管理工作的压力会如此之大。完全不讲道德的管理者是很少的（虽然人数稀少，但不得不说，完全不讲道德的管理者破坏力巨大）。大多数管理者，与大多数人一样，都是善意的。但大多数管理者，也与大多数人一样，都是软弱的，当遭遇困境时，他们倾向于寻找一条简单的出路。管理工作的压力让人很难有时间和精力去思考道德问题，管理者往往不是抽出时间和精力，而是简单地将这些困难的问题放在一边。压力越大，就越需要强悍的管理者去克服这些问题，但克服困难更多是意志力的问题，而不是时间和精力的问题。虽然在某些情况下，道德行为需要圣人般的力量，但在大部分情况下仅需要常规的道德直觉和道德纪律，在一天之中花一点时间反思（几分钟足以）；在听人们说话时听人们话语背后的意思；对人们的需求保持敏感和关怀。所有这一切可能很难做到，也很难维持，但没有难到不可能的地步，归根结底，道德反省使得管理——就像是培育家庭一样——变得更加值得、更有意义。 121

索　引

（条目后的数字为原书页码，见本书边码）

C

D

索引

E

F

G

H

I

J

K

N

O

P

R

S

T

U

V

W

Z

John Hendry

MANAGEMENT

A Very Short Introduction

Contents

Preface and acknowledgements

In this book I have sought to provide an introduction to management for three main groups of people: people who may have practised management but have never studied it and are intrigued to know something about the 'subject' of management; people who may have studied it but have never practised it and are interested in how their textbook learning relates to what managers actually do; and people who have neither studied nor practised it but are curious as to what it is all about.

The subject is an enormous one. Hundreds of millions of people around the world are employed as managers of one kind or another. Millions of students take management courses at colleges and universities. And hundreds of thousands of academics teach, research, and publish papers in the subject, in maybe a thousand academic journals. In a short work like this it is impossible to do justice to even a small fraction of that research, but I have tried here to give an outline of how thinking about management has evolved, where it now stands, and how it has impacted and is impacting on management practice.

My own experience of management starts and finishes in practice. I learnt first from my father, Ian, an industrial manager who brought to his job a deep concern for and commitment to the people who worked for him. From him I learnt that people work best when they are happy, appreciated, and can trust in the integrity and fairness of their managers, and that this is especially so when organizations are under pressure and performance is critical. I subsequently found myself managing schools of business and hope that, whatever my limitations, I at least managed to put this insight into practice.

Between these points, after spells in industry, accountancy, the public sector, and a variety of university departments, I studied and taught management as an academic. Among the many people who have influenced me in this period, and whose mark is in some way on this book, two in particular stand out, both of whom I first met as faculty colleagues at the London Business School. One is Charles Handy, whose popular writing on management and organizations has been an inspiration to millions. The other is John Roberts, now at the University of Sydney, who has been a close academic colleague for nearly thirty years and is the most insightful academic researcher I have ever worked with. Both are also brilliant teachers, and both manage, in their different ways, to combine a deep appreciation of the potential lying in every human being with a clear-headed recognition of human frailty. An understanding of what it is to be human and, at the same time, only too human, is at the core of any understanding of management, whether theoretical or practical, and this book is dedicated to Ian, Charles, and John.

Any book like this incurs countless debts, both to other authors (nothing in it is original, except for any mistakes!) and to those who have helped it along the way. I should particularly like to thank David Musson and Andrea Keegan at Oxford University Press for their faith in the project, and Ismael al Amoudi for some stimulating conversations and valuable critiques.

John Hendry
Cambridge, January 2013

List of illustrations

The publisher and the author apologize for any errors or omissions in the above list. If contacted they will be happy to rectify these at the earliest opportunity.

Chapter 1
Management and managing

Introduction

Talking to a friend, John explained that his partner, Mary, was away for two weeks managing a project overseas, that their son, Peter, had managed to break a leg playing football, but that he was just about managing.

When we think of 'management,' the first thing that comes to mind is an association with work and employment. Management is what 'managers' do, typically in a business or other organization, or it is a collective term for these managers, when contrasted with other employees ('labour' or 'workers') who don't have the same responsibilities. Managing, in this context, has strong connotations of being in control, of directing things, of designing and implementing systems and processes. Outside the work context, however, we often use the language of managing ironically, to suggest a lack of control (managing to break a leg), or as synonymous with coping, or getting by, where control has more to do with somehow preventing things from falling apart than with actively directing them.

These colloquial meanings of managing are relatively recent. The word originates from a Latin term for handling or controlling a horse, and it was gradually extended from controlling horses to controlling weapons, boats, people, and, in Britain, affairs more generally. In recent times the meanings of management and its distinction from closely related terms such as administration and direction have slid around across both time and space. In Britain, management has traditionally been associated with business, while the public sector has preferred the term administration. In the USA, business managers (in the British sense) have traditionally been called executives and what they do administration, and management has referred as much to the science of administration as to its practice. In France and Spain, the term management stuck at an earlier stage of its evolution with the management of an athlete or, by extension, a sports team, and other terms have been used to describe management in a business context: *gestion, empresa, direction/direccion, administration/administracion*, etc.

All these terms carry strong connotations of direction and control, but these are particularly marked in the case of 'management,' which is nowadays used globally in a sense that combines the traditional British use, now extended to public sector organizations as well as private sector businesses, with the American overlay of something that can be scientifically researched and studied. So there is a practice of management, which is what hundreds of millions of managers (or administrators or executives or directors) across the world do for a living. And closely associated with this there is an academic subject of management, which is about what managers *should* do, if they are to maximize efficiency or output or profitability, and the fruits of which are currently taught in business schools to millions of students every year.

This book is about both the practice and the subject of management, and much of it will necessarily be concerned with the manager's attempts to exercise direction and control, and with the attempts of management scientists to find ever better ways of doing this. A central theme of the book, however, is that we cannot begin to understand management without also keeping in mind the more colloquial and ironical uses of the term managing. Yes, managers control and direct. But because managers are human, and because the people they manage are also human, things rarely work out quite as intended. So the practice of management is not just about controlling things, but also about coping with things that are out of control—or out of the manager's control—but still have to be dealt with somehow. The study of management, similarly, has to take account of, or find ways to justify not taking account of, the inevitable fallibility and sheer unpredictability of the people who manage and are managed.

This human dimension makes the study of management extraordinarily rich. Like all the social sciences it faces the intriguing challenge of applying rational scientific methods to predict the outcomes of obstinately irrational and unpredictable actors. Unlike many branches of the social sciences, however, management is essentially practical. Its science is developed in order to be used, in the form of organizational technologies, and the consequences of any failure to bridge the gap between assumptions and reality are all too evident. The same human dimension also impacts on the practice of management. Because humans have a propensity to lose or escape control, management as a practice can be immensely frustrating. But for the very same reason it can also be immensely rewarding.

We shall look more closely at the practice of management—at managing, or what managers do—in Chapter 2. First, though, to set the scene, it will help to look a bit more closely at what characterizes us as human beings, and how these characteristics relate to the task of management.

The human condition: reason and its limits

A central concept here is rationality, or the power of reason. Of all the extraordinary abilities that humans possess, the power of reason is probably the most extraordinary. Together with its emotive counterpart, sympathy or human-heartedness, it defines what it means to be human. Its fruits are most strikingly evident in the achievements of science and technology: in computing and communications technologies, biotechnology, medicine, and so on. But it's also a core aspect of everyday life. We may not be great at it, but most of us can argue in a logical, seemingly objective way from premises to conclusions. We can critically assess each other's claims and arrive at sophisticated, evidence-based judgements. And we can formulate and execute complex plans in order to achieve our objectives.

This reasoning ability is central to management. In business schools, in business and management texts, and in many work organizations, management is portrayed as an entirely rational, technical activity. The core of a manager's job, as generally conceived, is to rationally analyse the situations with which she is presented and make rational decisions about how to address them. Businesses and other work organizations are themselves seen as distinctively rational entities devoted to rational ends, most typically the maximization of profit or shareholder value, or the achievement of maximum output for minimum cost.

All this is fine, so long as we don't forget—as people often do forget—that reason has its limits. Some scholars claim that the whole notion of objective reason is a myth. They argue that rationality itself and the sciences built upon it are essentially subjective, the products of a particular society and of the power relations within that society. That is probably going too far. It is true that all scientific theories end up being flawed and inadequate compared with their successors, and the processes by which they change are indeed social and political as much as rational. But their extraordinary predictive success suggests that something pretty objective is going on, in a practical sense if not in a strictly philosophical one. It is perfectly meaningful to talk of scientific rationality, and indeed of objective rationality more generally. The critique of objective reason makes more sense than at first appears, however. The way we think about things, the language we use, and the reasoning we apply are much more subject to social and political forces than we like to think, and we shall explore some of the implications of this for management in Chapter 8. Meanwhile, this critique also alerts us to other, less commonly noted but also less controversial limits on the power of reason.

First, while reason can get us a very long way in our attempts to understand the world, it cannot necessarily get us all the way. Take, for example, the science of quantum mechanics. This is able to predict the behaviour of physical entities far smaller than we can ever observe, to a mind-boggling degree of accuracy, and it has provided the scientific foundation for many of the most powerful technologies of the late 20th and early 21st centuries. But if we try to *understand* it, to imagine what the equations mean in physical terms, we get stuck in hopelessly irresolvable contradictions. At that point, reason runs out on us.

Reason also has a nasty habit of running out on us when things get really important. If we want to ask, for example, whether God exists, or whether there is anything beyond this life, it fails completely. Christian leaders claim that the teachings of Christianity are, to quote a recent pope, 'objective truths'. The leaders of other faiths make similar claims for their own teachings, while militant atheists invoke science to argue, on the contrary, that God does not exist. The fact is, however, that neither the existence nor the non-existence of God can be logically or scientifically proved. Religion attests to the fact that while humans are rational beings we are not *just* rational beings, and it is what we turn to for answers precisely when reason on its own cannot give them.

The most striking feature of the arguments given for the existence or non-existence of God is that every answer is in the end the product of the assumptions, usually unstated, that underlie it. The same is true of arguments in some branches of philosophy, such as ethics, where the only way we can logically prove what is good is by starting from some intuitive or emotional assumption as to what is good. We cannot rationally deduce something from nothing. It is also true of most of the social sciences, including management, which are concerned with behaviours that are far too complex to model accurately, in the way that we model the physical world. And it is true in another sense of much of the reasoning that is conducted in work and everyday life.

By and large, physical entities such as molecules or electrons are well-behaved. They don't forget things, or make mistakes, or change their minds, or fall in love with each other. And since they are well behaved we can both model and predict their behaviour and devise technologies that rely on our predictions. Humans are different. We can sometimes, though not often, predict how they will behave on average or on aggregate. We can very rarely predict, using rational scientific reasoning, how they will behave as individuals.

Rationality and the management challenge

This limit on the power of reason has some fairly obvious implications, not only for the scientific study of management but also for its practice and for the interplay between theory and practice. Let us begin with the sciences of management. Here, as in any science, rationality rules, but in a very compromised form. In order to reach any useful conclusions or predictions, the management sciences have to make some radically simplifying assumptions. Managerial economics, for example, assumes that people are entirely self-interested; that their sole objective is the maximization of financial wealth; that they will do whatever it takes to achieve this, including lying and deceit; and that they will do it with complete competence. Managerial economists don't really believe that all this is true (well, some do, but most don't!), but if they relaxed any one of the assumptions their mathematical models would fall apart and they wouldn't be able to predict anything at all. The assumptions are actually much less extreme than those used in some other branches of economics, and the hope is that they are close enough to reality to make the theories worthwhile.

Managerial psychologists work on completely different but no less controversial assumptions. Some assume particular models of motivation or psychological development while others start from a variety of speculative models of the brain and its operations. Sometimes the insights that result are so striking that we convince ourselves, for a while at least, that the assumptions must be true. What generally happens, though, is that the psychologists' assumptions highlight one distinctive feature of human behaviour by excluding other, equally distinctive but complementary or contrasting features. Each theory is characterized as much by what it obscures as by what it reveals.

Turning to managing, or the practice of management, the rational limitations of humans, whether managers or managed, are only too evident. Contrary to the economists' assumptions, people are not perfectly competent. Indeed they are notoriously incompetent. They are, as we sometimes say, 'only human.' They forget things, get distracted, lose concentration, make mistakes, and get carried away by their emotions. Even the most competent managers have to cope with the human failings (if failings they are) of the people who report to them, as well as with the essential uncertainties of the situations with which they are faced. Managers always have access to more information than they can possibly process, but they never have the information they need to plan with confidence. They face unknown and in many ways quite unknowable futures. And in a business context they face the inherent uncertainties of competition. Reason can help here. As Herbert Simon noted, a rational response to uncertainty, for example, is to limit your research and analysis, make some 'reasonable' working assumptions, and get on with things, rather than trying to analyse every conceivable eventuality. But reason alone will never be enough, and especially when dealing with other people the most rational approach won't always be the most effective.

When science and practice come together, in the application of management technologies or techniques, all sorts of things can happen. Sometimes the assumptions underlying the technique are close enough to the reality for it to be effective. One of the recommendations of managerial economics, for example, is that people should generally be incentivized by being paid, wholly or in part, according to their output rather than their input: by piece rates or performance pay. If you're managing fruit pickers, this is quite a good recommendation. They need the money, they are generally competent pickers, and you can measure what they pick, so paying them by the kilo rather than by the hour tends to produce better results.

Applied to other situations, the same technique of performance pay might also work, not because the assumptions reflect reality but because the model itself is more robust than the specific assumptions used to derive it. It turns out, for example, that in many situations the results of the economic 'agency theory' used to model employment contracts are more or less the same as those you would get from the very different (but entirely heterodox) assumption of imperfectly competent but honest and dutiful service. Without direct supervision, it is hard to distinguish laziness from incompetence. Most of us have a bit of both, and the combination is far too complicated to model, but in some cases it doesn't matter too much which we assume to be the case: the same prescriptions work for both.

In other situations, however, the assumptions might not apply at all and the technology might be totally inappropriate. The main area of application of economic agency theory, for example, is to the pay of chief executives and other senior managers. Whether these people are motivated more by the money or by the intrinsic satisfaction of doing a good job is unclear. As career managers in an organizational setting, however, diligence and doing a good job are likely to be quite important to them. Heavily dependent on others in the organization, and in an intensely competitive business environment, their competence is likely to be limited. Not every company can come out on top, after all. We pay chief executives, moreover, to make judgements and exercise discretion, and in doing this we have to assume that they are trustworthy and well motivated. In this context the assumptions do matter, and structuring their pay on the assumption that they are fully competent self-seekers, which is what most large companies now do, will almost inevitably lead to perverse and quite unintended effects.

One of these unintended effects is that when we apply theories with strong assumptions to practice, the assumptions can easily become self-fulfilling. When social scientists assume that people are narrowly self-interested, for example, when teachers convey that assumption to students, and when practitioners implement techniques based upon it, the chances are that people will become narrowly self-interested even if they weren't to start off with. This is most clearly seen in the world of finance, where people now quite consciously behave in the way that finance theory (closely linked to managerial economics) assumes that they behave. This makes for a better match between theory and practice but, as the recent financial crisis has shown, with pretty dire consequences for the rest of us.

Management has not yet reached that stage. Though the science of management is becoming more and more dominated by economics, it also draws heavily on psychology and sociology, and so finds room for a wide range of often conflicting assumptions. This brings its own practical problems, however. Conceived from the start as an aid to practice, the science of management is unremittingly functional. In drawing on more fundamental research in the social sciences it is interested only in what might be useful, and when it borrows ideas and concepts it does so with scant regard for either their underlying assumptions or their scientific validity. The result is a body of work that is often self-contradictory and quite deeply confused, and that tends, when applied to practice, to have correspondingly contradictory and confused results. As we shall see, the history of management, much like the everyday practice of managing, is as much a story of unintended consequences as of intended ones. Before recounting that history, though, let's stop a moment and ask a very obvious but rarely answered question: what exactly do managers do?

Chapter 2

The work of the manager

Of the tens of thousands of books and articles devoted to research in management, remarkably few address what managers do, and their research base is notably narrow. The most influential study, carried out by Canadian academic Henry Mintzberg around 1970, was based on observations of just five senior managers for a week each. Investigating how well Mintzberg's conclusions had stood the test of time thirty years later, Stefan Tengblad studied just four chief executives. For his most recent study, the basis of a book published in 2009, Mintzberg studied twenty-nine managers at different levels of seniority, but spent just one day with each of them. Fortunately, the results of these and the other major studies, about fifteen in all, are all fairly consistent. Different writers interpret their observations in different ways, and there are clearly some variations in the nature of managerial work, both across time and national cultures and with the size and culture of the organization and the seniority of the position. The general pattern, though, seems fairly uniform.

We can look at managerial work in three ways. We can ask what managers do in a functional sense. We can ask about how they do it, or the practice of management. And we can ask about the qualities of this practice. To take a slightly simpler example, if we wanted to describe the work of police officers we might discuss the functions of preventing crime and catching criminals; the practices of patrolling, filling in report forms, breaking up disturbances, making arrests, and so on; and the qualities of commitment, service, and the balance between tedium and excitement. Of course, police work is much more complicated than this brief sketch suggests, and management work (including the management of police work) is much more complex still. The three dimensions are also overlapping and mutually dependent. It is hard to describe the functions without detailing the practices, or to make sense of the practices without invoking the functions. The three dimensions do, however, give us a useful starting point for structuring our discussion.

In this chapter we shall explore managerial work through three functional dimensions abstracted from the various research studies: routine administration, troubleshooting, and leadership. We shall explore each one using a categorization of practice taken from Mintzberg's most recent work, in which he divides managing into the managing that is done in the manager's own head (i.e. thinking), managing through information, managing with people, and managing through direct action. A secondary categorization divides these practices of managing into managing within the unit for which the manager is responsible, managing across to the other parts of the organization, and managing across the organization's boundaries, in relation to customers, suppliers, and other stakeholders. We shall conclude with a short discussion of the quality of managerial work. Figure 1 sets out the framework for the chapter.

Management as routine administration

The defining characteristic of management is responsibility for an organization or organizational unit and for the work of its members. The unit might be anything from a small retail outlet with one or two shop assistants to a large corporation with tens or even hundreds of thousands of employees, but most managers are directly responsible for managing the organization of a

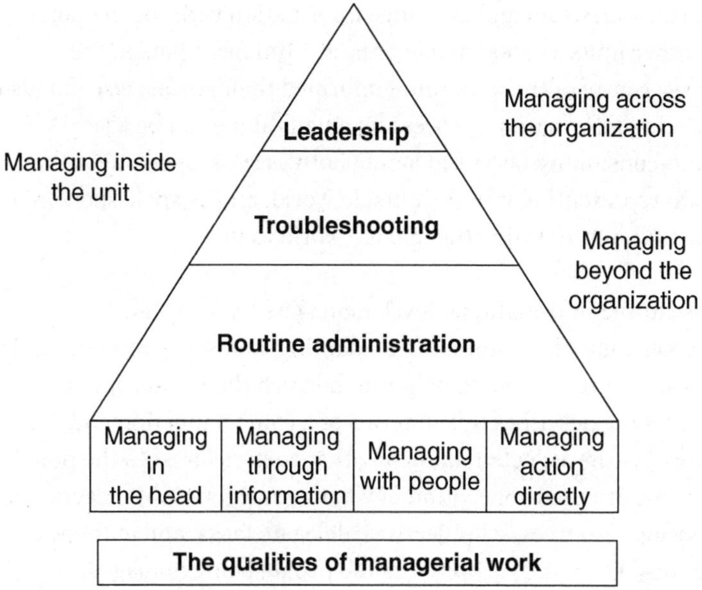

1. Dimensions of managerial work

'manageable' number of people—typically between two and twenty—and of the various processes in which they are engaged. So we have sales managers and production managers and marketing managers and IT managers etc., organizing the work of specialists. Then, at the level of the business unit or agency or regional subsidiary, we have general managers, whose job is to organize and coordinate the work of different specialist groups.

Organizations work by organizing work, but this doesn't happen by itself, and much of the work of managers is concerned with maintaining the organization. At the informational level this entails monitoring what is going on both inside and outside the unit and disseminating information to wherever it is needed. Some of this information comes in the form of reports from below or instructions from above. Some of it comes less formally through conversations and meetings. Managers glean information from the outside world and exchange information with the managers of other units. A good manager is, as Mintzberg puts it, the nerve centre of the unit, more informed than anyone else but also filtering information (processing emails alone can be a very time-consuming task) and acting both as spokesperson *for* the unit, representing it to the outside world, and as spokesperson *to* the unit, representing the outside world to it.

Also at the informational level, managers typically take responsibility for maintaining, adapting, and sometimes designing the structures and systems through which their units operate. Mintzberg describes this in terms of a control function and it is probably the aspect of managing that comes closest to the popular control-oriented conception of what managers do. Managers allocate resources, set objectives, delegate tasks, and authorize actions. From the viewpoint of the people being managed, this looks like the exercise of authority. From the perspective of the manager, much of it is simply routine, and in some respects the most tedious part of the job: making operating decisions, setting budgets, writing job descriptions, signing things off. Occasionally there is a chance to build a new team, set up a new project, or design things afresh, and then things get more interesting, but the more successful the design, the longer it lasts, so in effective organizations the routine will often dominate.

Turning to the interpersonal level, most of the information-processing activities described above also entail managing with people. To maintain their information flows, managers have to be effective networkers, both inside the organization and, in many cases, beyond it. Even in today's world of advanced information systems there is no substitute for personal contact. The better your contacts, the more likely you are to get the information you need. The better you know the person with whom you're exchanging information, the more effective that information exchange is likely to be, and the smaller will be the risk of misunderstanding. The better you know people, too, the more effectively you will be able to coordinate your activities with theirs.

The spokesperson roles also have a strong interpersonal dimension. Representing the unit often has a social and sometimes a public dimension. It involves advocacy, persuasion, promotion, and helping people who might help you. Representing to the unit requires similar skills, and people have not only to be told things but also convinced of them—of a company strategy, for example, or a new human resources policy. Many workers are inherently sceptical of decisions taken elsewhere. Doctors and professors, for example, distrust hospital and university administrators. Divisional outposts and subsidiaries distrust their headquarters. Workers generally distrust 'management'. If the organization as a whole is to work coherently and effectively, managers have to overcome this scepticism in their units and provide a personal bridge between policy and administration. At the same time, they also have to protect their units, and themselves, from unhelpful outside interference: from interfering bosses, from fickle customers, or from pushy salespeople. An important part of managing a unit is managing outside disturbances so that the people in the unit can get on with their jobs.

Finally, the task of maintaining and operating systems is often as much about people as information. You can only allocate duties or set objectives if you know your staff individually and understand something of their own interpersonal relationships. Meetings have to be effectively managed. In more formal organizations, committees have to be effectively chaired. It is the manager's job to ensure that the right voices are heard, and not just the loudest or most persistent. Staff hiring and promotion, review and appraisal are also critical tasks, not only in themselves but as symbolic indicators of a manager's fairness and good judgement, perceptions of which are probably more important than anything in gaining the support and goodwill of staff.

It goes without saying that all of these activities also require managers to spend time thinking, but the old-fashioned idea of a manager as someone who spends time sitting at his desk thinking is a long way from reality. Managers do spend a lot of time thinking about their routine administration, but they do so on the move, en route from one meeting to another, driving to and from work. As for acting directly, carrying out routine tasks alongside the people they manage, many managers do find time for this, but if they do a lot of it, it is probably because they are trying to escape from the proper tasks of management. Successful managers often try to schedule some activity, taking part in project teams or keeping their hand in with their unit's specialist function, mainly to maintain their information flows and personal relationships. But they often find that it gets crowded out of their schedules.

Routine administration is in many respects the least interesting part of managing, but it is also the most time consuming. It is critically important to the smooth running of an organization and many managers seem to enjoy it. It is relatively stress free and can be a welcome distraction from more stressful and demanding tasks. And it brings the little rewards, in a regular fashion, of a job satisfactorily completed as well as of a salary well earned. There is great satisfaction, in particular, in being responsible for a happy and effective team, and especially in seeing that good work and good employees are recognized and rewarded.

Management as troubleshooting

While routine administration may be the most time-consuming dimension of managing, the most preoccupying is troubleshooting, or responding to what the British prime minister Harold Macmillan famously termed 'events'.

Unplanned, unexpected, and often unwanted events happen. Things go wrong. Machines break down. Supplies get delayed.

Workers strike. Competitors steal a march. Customers get upset, with or without good reason. Projects go over budget. Deadlines get missed. Tasks get forgotten, or fall through the cracks. People get ill or have accidents at critical moments. People make mistakes. People get convinced that other people have made mistakes. Colleagues fall out. Rumours spread. The best-laid plans go awry and things don't work out as intended.

In one sense, troubleshooting is itself routine. Given the uncertainties of the social world and the fallibilities of human beings it is inevitable that things will sometimes go wrong. Sometimes problems arise from the manager's own limitations or mistakes (all managers make mistakes, though they may not admit it). Sometimes they arise from mistakes by people for whom the manager is responsible. Sometimes the fault lies outside the unit, and sometimes no one is at fault at all, but the unit still has to respond in some way. Whatever the origins of the problem, the responsibility for troubleshooting generally lies with a manager or group of managers, and it is managers who have the formal authority, the information (as the nerve centres of their units), and the interpersonal resources and relationships needed to take effective action.

Depending on the nature of the problem, managing as troubleshooting may involve any combination of the different levels in Mintzberg's model. It certainly requires thinking, and clear thinking at that—all the harder but all the more necessary in an atmosphere of crisis. It is also when troubleshooting that managers are most likely to get involved in direct action, doing a job themselves that would normally be delegated. Sometimes it is a question of covering for absent or emotionally incapacitated staff: a case of all hands to deck. Sometimes a problem needs the extra knowledge, contacts, or experience that the manager can bring to bear: dealing with an awkward customer, for example, calling in favours to secure a delivery, or finding a technical fix.

When a problem arises from a mistake or mistakes, the interpersonal side of managing becomes crucial. There is very little discussion in the literature of how managers deal with mistakes. It is almost as if the very idea that mistakes can happen runs so counter to the dominant image of management as a technical, rational utopia that it simply can't be accommodated. We all know, however, that mistakes do happen, and how managers respond to the mistakes of their staff can be critical to their success or failure. Is a mistake just an accidental one-off, in which case you might forget it and move on? Is it a sign that the person isn't really up to the job, in which case you will need to work out whether this can be remedied by training and development or whether you need to be looking at competency procedures? Is there an element of wilful neglect, calling for the commencement of disciplinary procedures? Or are there other things going on in the person's life—work relationships, family problems, illness, or depression—that suggest a need for support and counselling? How will the person respond to different reactions on your part? How firm should you be, and how sympathetic?

Different managers have different styles, but all good managers need to measure their responses, balancing particular cases and individual personalities against a general requirement for fairness and consistency. They also need, at a basic level, to respond. Because dealing with people's mistakes can be difficult and stressful, it is very tempting to put it off, to sweep things under the carpet and hope they'll go away. It is a common feature of organizational life that, when the time comes for disciplinary action or action on the grounds of incompetence, it transpires that the person concerned has posed problems of the same kind for years, but nobody has taken the steps of raising the issue, going through the formal procedures, and establishing a paper trail of warnings. So everything has to start from scratch and what should be a final offence becomes a first one. Since the same manager is rarely in place long enough to see these kinds of procedures through, this becomes a collective task, but if it is not done the organization suffers and the other workers in the unit suffer especially. So a critical part of managing is managing to manage, and not just to cope.

How managers deal with their own mistakes is also important. Some managers simply won't admit to any mistakes, of course, and blame anything that goes wrong on someone else. But while this sometimes advances their careers in the short term it doesn't make for effective management. Managers who wallow in their mistakes, however, are no use either. The basic recipe here is simple: minimize the damage (and make sure that the innocent are exonerated), maximize the learning, and act in the best interests of the organization. Putting it into practice, though, can be quite demanding: we shall pick up this theme later, in Chapter 9.

Managers also have to respond carefully to mistakes outside the unit, and tempting as it may be to grasp the opportunity of blaming others, this isn't always the most productive way forward. Here the manager's networks, relationships, and political skills come into play. The task is to solve the problem and move forward, and, as in politics generally, this often requires careful compromises and diplomatic reticence as well as measured assertiveness.

Management as leadership

The ability to cut through a mess of mistakes and mutual recriminations and get everyone moving together again is one we tend to associate with leadership as much as management, and the relationship between these two has long been a matter for debate. Some of the most influential writers on leadership have sought to distinguish it sharply from management. Warren Bennis, for example, has asserted that 'Leaders are people who do the right thing; managers are people who do things right.' Leaders, on this conception, set the strategy and direction of an organization. Managers implement that strategy. Bennis also criticizes leaders, however, for getting sucked into routine management themselves, while other prominent writers, such as Harvard Business School Professors John Kotter and Abraham Zaleznik, have criticized *managers* for getting sucked into routine management. And many of the classic works on management have the word 'leadership' somewhere in the title. On this view, leadership has always been part of management and essential, especially, for the management of change; but it has often been neglected, both in practice and in management development. It can hardly be said to be neglected in management development any more: some business schools seem to do nothing else but leadership development. Fitting it into management practice, however, can still be a challenge.

The history of the relationship between leadership and management is tied up with the history of organizational structures. Fifty years ago most large organizations, whether in the private or the public sector, were rigid hierarchical bureaucracies. In these organizations, direction setting was confined to the top management levels, and the knowledge and understanding needed to compete effectively in business, or to provide effective public services, had been gradually built in over long periods of time to the systems and processes of the organization. These organizations were engineered for stability and their management was naturally dominated by routine administration.

Over the last forty years or so, global competition and massively advanced information technologies have made these large business bureaucracies increasingly vulnerable to faster and more agile competitors. Businesses nowadays have to be engineered for change as much as for stability, and one consequence of this has been a loosening of their bureaucratic structures. All firms retain an element of hierarchy, and strategy setting and overall direction remain largely the preserve of the chief executive and top management team, at least in a formal sense. But within the organization a skeletal hierarchy is now overlaid with flexible networks and self-organizing project teams rather than with the traditional bureaucratic offices. At the same time, the psychological contract between firm and employee has moved away from one based on long-term rewards for dutiful service towards one based on short-term performance incentives. Meanwhile, public sector organizations, driven by demands for efficiency gains, have also moved increasingly towards the business model.

To see how these changes have impacted on the leadership dimension of management, consider John Kotter's summary of the three processes involved in effective leadership:

1. Establishing direction—developing a vision of the future, often the distant future, along with strategies for producing the changes needed to achieve that vision.
2. Aligning people—communicating the direction to those whose cooperation may be needed so as to create coalitions that understand the vision and are committed to its achievement.
3. Motivating and inspiring—keeping people moving in the right direction despite major political, bureaucratic, and resource barriers to change by appealing to very basic, but often untapped, human needs, values, and emotion.

In times gone by, an organizational unit would have its direction set for it. That might still be the case, but in contemporary organizations it may just be the outputs that are imposed, through performance targets. It is then for the manager to set a direction of the unit in order to achieve those targets. In traditional mature bureaucracies a lot of the work of aligning people was done by the formal structures—protocols, manuals, job descriptions, and so on—and by a deeply ingrained organizational culture. In more flexible organizations, where jobs are not tightly defined and people move rapidly between teams, the managers have a lot more work to do. This is as much the case, moreover, in periods of stability as in periods of change. The problem that faced Kotter back in the 1980s was not how people within an organization could be aligned—bureaucracies did that very well—but how people could be realigned to a *new* direction against the deeply conservative forces of the organization. His emphasis on motivating and inspiring was focused on the need to overcome resistance to change. The problem facing managers today is how people can be aligned at all, in the context of rapid organizational changes and terms of employment that play to their individual self-interest. Even holding a team together for long enough to complete a job can be difficult, as people plot their advance through the organization by skipping from team to team, trying to be in the right place at the right time to capture the next opportunity of advancement. Motivating and inspiring people are thus more important than ever, but also much more difficult.

Setting directions, communicating those directions, building coalitions, motivating and inspiring people are all as much part of management as they are of leadership, and in a relatively modest way they are all part of management as routine administration. There is a difference, though, albeit hard to pin down, between motivating and maintaining an effective team or unit, guiding them through a crisis brought on by 'events,' and motivating them, when required, to perform beyond themselves, to break out of their institutionalized comfort zones, or to commit to changes of which they may not naturally be convinced. Although the qualities of leadership are now often needed simply to hold things together and pull people towards a common goal rather than their own individual goals, they are still needed most at times of change, when organizations are being formed or reformed.

Routines, habits, and organizational cultures are part of the way we respond to complexity and uncertainty. Unable to work out what to do afresh each day, we find patterns that work and stick to them. Because these patterns are based on past successes, and because they are essentially techniques for survival, they are immensely hard to shift. Old habits die hard, even more at the institutional than at the personal level. But the world changes, and to keep being successful we have to change with it. The key role of the manager as leader is to initiate and manage such changes, generating the energy levels to lift people out of their established steady states, using the change to enable people's development, and building new habits and a new culture to replace the old.

The quality of managerial work

It should be apparent by now that the work of the manager looks a lot more like the work of someone 'managing' in everyday life—as John was in our opening example—than like the traditional image of a manager in control. As we noted above, the challenge is to get beyond coping, to manage to manage. An effective manager is in control, albeit not completely and often not overtly. But the way in which she is in control and the situations she is in control of look remarkably like a caricature of a harassed parent, with children crying, dogs barking, the telephone ringing, a delivery arriving, guests due, and a fuse blowing, all at the same time.

The quality of managerial work comes across most forcefully from studies of new managers, who soon find out that the job is not at all what they expected; but it is also reflected in the basic data of how managers spend their time. Most studies agree that managers spend the majority of their time, typically around two-thirds, in meetings. The rest is spent mainly on the telephone, travelling between meetings or, nowadays, sending and responding to emails. Little time is spent working at the desk, and reports are more likely to be written or read at home than in the office. The work is highly variable and highly fragmented, comprising anything up to thirty or forty distinct activities in a single day and with critical and mundane tasks interwoven in no apparent order. Managers need to be able to switch moods and modes with alarming frequency.

Managerial work is also very flexible. With so many demands on a manager's time, it is often tightly scheduled, but the schedules change frequently in response to new demands. It has also become immensely time consuming. The managers observed by Mintzberg forty years ago worked immensely hard at an unrelenting pace, but they worked on average a forty-five-hour week. The managers observed by Tengblad more recently worked at the same unrelenting pace but for a seventy-two-hour week, and my own studies suggest that at senior levels this is now the norm. Indeed, the most senior managers typically put in as many hours as they possibly can without consciously becoming dysfunctional. Other recent studies suggest that even middle managers routinely put in fifty- to sixty-hour weeks.

The unrelenting nature of managerial work follows from its being both undefined and unbounded. This comes across especially from the studies of new managers such as those by Linda Hill and Tony Watson and Pauline Harris. Coming from jobs that were both well defined (typically some specialized trade or profession, or a specific set of tasks and duties) and bounded (you finished one task and moved on to the next), those new managers found first that there was nothing to tell them what they should do, and subsequently that there was nothing to tell them what they should not do. The single most striking feature of a manager's work is that it is never done. There is always far more to do than can possibly be done.

This is especially the case in today's more flexible organizations. The general dismantling of bureaucratic offices has taken away the boundaries of a manager's responsibilities. And even the firms that have not moved over to flexible structures have delayered their managerial hierarchies, putting greater loads on their middle managers while at the same time limiting their prospects for career advancement. All this work inevitably impacts on people's home lives and general well-being, and many managers today find their work both stressful and exhausting. But many others—often, the ones lucky enough to have good managers above them—find it exhilarating and rewarding. Again, it's remarkably like being a parent or, for the many managers who are also parents, like having another household and family to cope with alongside your own. We shall come back in Chapter 10 to some of the moral aspects of these demands, but next we shall look at the evolution of management thinking and practice, at the management theories that have been developed, the techniques that have been built upon them, and the ways in which these have impacted on management practice.

Chapter 3
Management and authority

Management, authority, and coercion

The oldest and simplest approach to management is to tell people what to do and make sure they do it, if necessary by using violence or the threat of violence. This basic approach is still the norm in much of the developing world and in most emerging economies. It is still commonplace, subject to various legal constraints, in small owner-managed businesses everywhere. The boss gives instructions and the employees do what they're told, or suffer whatever consequences the boss decrees if they don't.

The earliest roots of management lie in the management of two kinds of organization, both hierarchical in form. One is the extended family, household, or estate, where the people to be managed might include servants or slaves, agricultural workers, and a limited range of specialist trades (cooks, farriers, and so on). The other is the army or, on a smaller scale, the merchant ship.

Both kinds of organization have traditionally relied on a combination of authority and coercion, with the 'manager' being authorized (by society or his peer group) not only to give instructions but also to inflict physical punishment in pursuit of their execution. Well into the 20th century, even in the most 'civilized' societies, soldiers or sailors who disobeyed orders were likely to be flogged or, in extreme cases, executed. In the First World War, both disobeying orders and desertion were capital offences in the armies of both sides, and they remain so in some armies today. On board ship, once on the high seas, the opportunities for escape were small and the threat of violence correspondingly felt.

In the household or estate, authority was traditionally exercised through systems of slavery and bonded labour, with the fear of physical punishment again to the fore. Even when workers were notionally free, they were often severely constrained. Remuneration, for example, would be provided predominantly in kind, through the provision of food and accommodation, meaning that it was almost impossible to leave one job with having another to go to, and almost impossible to get a job without a good reference from the one you were leaving, a classic catch-22 situation. As in the military context, physical punishment was also the norm, with free labourers as well as slaves being subject to beatings if they didn't follow orders, and often if they did.

In the developed world, slavery is nowadays outlawed—though it still exists in a hidden underworld of trafficked prostitutes and domestic servants. In the form of bonded labour, however, it is still very much present in the developing world. Kevin Bales has estimated that in 2000 there were around 27 million people working under conditions of slavery across the world, in countries such as India, Pakistan, Bangladesh, Thailand, and Brazil.

In Thailand and many other countries, young teenage girls are sold to brokers by their parents for the price of a television set. The contract stipulates that the brokers' outlays are recouped from the girls' incomes. But deposited in brothels, raped, and brutalized, the girls never earn enough to repay the debt. With the police bought out by the brothel keepers, escape is impossible, violence is endemic, and the girls work until they are literally used up.

In Brazil, young men are attracted by the promise of well-paid jobs. Driven out to the forests, to vast charcoal camps, they are only then told that they owe a debt to the people who drove them there. With no money, massive 'debt,' and their identity cards confiscated, escape is again impossible and the regime is, again, one of violent coercion.

In the brick fields of Pakistan, whole families are employed in digging clay and making bricks, with the debt incurred when they were first taken on sometimes passed from generation to generation. In India, millions of agricultural workers still live and work under a feudal arrangement in which generation upon generation has been permanently indebted to landowning employers, who pay them no wages as such, just a subsistence living.

Management through coercion is not restricted to bonded labour and the military. If tens of millions work as slaves, hundreds of millions work under oppressive and physically threatening regimes. Despite the spread of human rights and employee protection legislation, many of the world's factories are run with an iron rod. Trapped by economic necessity and the absence of any better alternatives, often living in company-owned dormitories in rapidly expanding cities far from their family roots, many factory employees routinely suffer abuse and intimidation at the hands of their managers. In many smaller organizations, managers act coercively without even thinking about it. They give instructions, and when the instructions are not implemented to their satisfaction they just shout and get angry, and give the instructions again, with threats. Like the bad workman blaming his tools, when anything goes wrong they blame their employees—who are indeed seen as tools. It never occurs to them to question themselves.

Legitimate authority

The exercise of authority doesn't have to be coercive, and even when it is it can take a variety of forms. In the early 20th century the founder of modern sociology, Max Weber, identified and distinguished between three forms of 'legitimate authority,' or three ways in which authority that might be socially grounded and legitimated within a social group.

The first type of authority in Weber's scheme is *traditional authority*, resting on a belief in the sanctity of long-standing traditions and, in particular, on the legitimacy of the social status of those exercising the authority. This would most obviously include the authority of a king over his subjects, a hereditary landowner over his estate, or a father over his family.

The second type is *charismatic authority*, resting on admiration of the qualities of a particular individual and a consequent devotion to that individual, and obedience to the rules or norms proclaimed by him. Examples here include the authority exerted by inspirational preachers or leaders of religious sects, by the leaders of political rebellions, by charismatic generals in the field, or by charismatic entrepreneurs. Although, as Weber noted, charismatic authority can sometimes be transmitted to a chosen successor, it is distinctively personal.

The third type is *rational* or *legal authority*, resting on acceptance of the legal basis of rules and of the rights of duly appointed people to enforce them. This is the authority exercised by officers of state and other public officials, from police officers making arrests to librarians imposing silence. It is the basis of authority in the armed forces and of the authority of managers in a rationally designed organization, the command structure of which is accepted by its members. In a management context it is, especially, the basis of bureaucracy.

Weber stressed that these were analytical 'ideal types' and that any real-world situation was likely to entail combinations of the different types, as well as combinations of consensually and coercively exercised authority. A simple example in illustration would be that of a military officer, drawn from the upper classes of society. Such a person might exercise rational authority, as holder of a particular rank or office; traditional authority, in the eyes of troops drawn from the lower classes; and charismatic authority, on the basis of his own personality. Another officer, lacking charismatic or traditional authority, might rely mainly on the rational authority associated with his office but back that up with the threat or exercise of violence. Unable to draw on the love or respect of his troops, but only their rational acquiescence, he might resort to fear.

An insightful example of how legitimate authority can embrace coercion is given by the writer Sebastian Faulks in his novel *Birdsong*. Set before and during the First World War, this points to parallels between the violence with which one of the characters routinely treats his wife; the violent subjugation by the same character of the workers at his factory; and the violence imposed on conscript soldiers in the trenches, sent by their senior officers 'over the top' to their almost certain deaths, to no obvious end, under threat of execution if they resisted, and with chaplains in attendance. In each case the violence portrayed here was not a counter or alternative to legitimate authority, but a socially legitimized part of that authority. The traditional authority of a husband over his wife included the authority to beat her. The traditional-cum-rational authority of the factory owner included the authority to forcibly subjugate the workers. The rational authority of the officer combines with the traditional authority of the priest to justify sending people to their needless deaths. In many societies today such violence is no longer seen as legitimate. It constitutes an abuse, not an exercise, of legitimate authority. In many other societies, however, little seems to have changed.

The first industrial managers, managing the factories of the industrial revolution in the early 19th century, were either members of the owner's family or, below them, overseers promoted from the workforce for their loyalty and ability to promote discipline. In this arrangement, which is still characteristic of many developing economies, all three kinds of authority are mixed up, with coercion typically filling in for the combined limitations of tradition, charisma, and formal structure.

The administration of authority

This tendency for the different types of authority to operate in conjunction is particularly significant in the case of rational authority, which seems to emerge historically in combination with the simpler forms of traditional and charismatic authority and as a response to their limitations. The rational authority associated with the rank of a military officer, for example, is not just the result of a rational consensus but is rather derived from the traditional authority of king or state.

Both of the simpler forms of authority face limitations of scale and distance, as the holder of authority cannot be everywhere at once and has to act through others, in absentia. This requires delegation, but a simple hierarchy of delegated authority can only get you so far. Exercising authority on a large scale also requires mechanisms for monitoring to check that tasks are properly carried out and for ensuring consistency and conformity. It requires basic technologies of administration and accounting.

These challenges go way back. Consider, for example, the task in classical times of administering the army of ancient Rome and the collection of taxes across an empire stretching from Scotland in the north to Morocco in the west and Iraq in the south-east. In the 16th and 17th centuries the great British and Dutch East India companies, privately owned but state-sponsored corporations, conducted business and administered trading colonies over still greater distances. To operate effectively, these organizations developed increasingly sophisticated systems of accounting and audit and a division of managerial as well as manual labour, leading to particular offices each with its own function and rule book. In the 19th century the administration of vast overseas empires and domestic public services led to further developments in accounting and the collection and use of statistical data. At the same time, the development of large geographically dispersed manufacturing companies on the back of new technologies of railroad, telegraph, and mass production created similar challenges and also created a cadre of specialist engineer-managers with a predilection for rationally engineered solutions.

Bureaucracy

So closely is the theory of bureaucracy associated with Max Weber that many people seem to think he invented bureaucracy, and that the bureaucratic organizations of the 20th century were built to his template. That is certainly not the case. Few managers can ever have gone to Weber for practical guidance, and by the time his classic study, *Wirtschaft und Gesellschaft*, was published, posthumously, in 1922, bureaucracy was very much the established norm for large organizations in both public and private sectors. Weber's analysis is still worth attention, though, for its clarity and insight to the core features of bureaucratic management. According to Weber:

- The basic building block of bureaucracy is the *bureau* or *office*, which is at the same time a (typically managerial) job, a department, and a physical place. We might talk in a Weberian sense, for example, of the 'office of the chief accountant,' referring both to the job or position filled by someone carrying the title of 'chief accountant,' to the department administered or managed by that person to execute the functions of the office, and the physical space in which they work.
- The defining feature of bureaucracy is that the authority of office holders derives from their offices (formal job titles) and not from their personal characteristics, charisma, or status. Within a bureaucracy, a rationally devised set of formal rules determines the functions, legal competence, and authority associated with

each office. These are determined according to rational criteria of efficiency and effectiveness rather than by tradition and they are completely independent of who might occupy the office at any particular time.

- A central characteristic of bureaucracy is the strict separation of the rational work of the organization from the personal lives of its members. The single most important criterion for Weber was that posts should be filled according to rational criteria of ability, wherever possible demonstrated through competitive exams and technical qualifications. Personal qualities, social status, and connections have no place in a Weberian bureaucracy. There should also be a clear separation of the office from the ownership of the organization and of office work from personal life. To protect the office from personal interference, office holders should be full-time employees on pensionable salaries with opportunities for promotion and rights of tenure, strictly subject at work to the rules and regulations of the bureaucracy, but completely free outside work to live their own lives as they choose.
- Other distinguishing factors of bureaucracy include a clear hierarchy, with the relationships between offices and the authority of one over another clearly defined, and written sets of rules, norms, and procedures both for the organization as a whole and for each of its offices. One reason for having a physical office was to provide a repository for these reference manuals.

Weber noted that the pure bureaucratic form had emerged gradually and that many largely bureaucratic organizations still contained personal or traditional elements. Appointments to offices, for example, were rarely made on purely rational grounds. In its pure or 'monocratic' form, however, he considered bureaucracy 'superior to any other form [of organization] in precision, in stability, in the stringency of its discipline, and in its reliability. It thus makes possible a particularly high degree of calculability of results for the heads of the organisation and for those acting in relation to it. It is finally superior both in intensive efficiency and in the scope of its operations, and is formally capable of application to all kinds of administrative tasks.'

The other great advocate of modern bureaucratic management was Henri Fayol, a French mining engineer who spent most of his career as the managing director of a large iron and steel company. In 1916, turned seventy and approaching retirement, Fayol published a long paper on 'Administration industrielle et générale', subsequently reissued as a book and eventually published in English in 1949 as *General and Industrial Management*. Based largely on his own experience and on the application of general engineering principles to the problem of management, this set out fourteen principles of management:

1. Division of work.
2. Authority and responsibility. A good manager combines official authority, derived from his office, with personal authority, based on his skills, experience, moral worth, etc.
3. Worker discipline in the face of authority. Again, discipline is partly a requirement of the organization but should also be earned by the managers.
4. Unity of command, or a clear hierarchical structure.
5. Unity of direction, across the organization.
6. Subordination of individual interests to the general interest, based on fairness and consent as well as supervision.
7. Remuneration that is fair and tailored to the task and circumstances.
8. Centralization or decentralization, according to circumstances.
9. A scalar chain of authority, which does not, however, preclude communications across the hierarchy. Problems should be solved in a timely and efficient manner, but direct interactions between subordinates should always be authorized by their line managers.
10. Order: both 'a place for each and each one in his place' and 'the right man in the right place'.

11. Equity in how people are treated, combining kindliness with justice.
12. Stability of tenure of personnel.
13. Initiative, at all levels, within the limits of discipline.
14. Esprit de corps: harmony, union, and commonality of purpose.

Although their intellectual origins are completely different, there is a considerable overlap between Fayol's principles of management and Weber's characterization of rational bureaucracy. The main difference is that Fayol, as a practising manager, builds in more flexibility, e.g. in remuneration, and finds more room for the human side of management.

Dimensions of management

Historians of management generally distinguish between two different approaches to the challenges it poses. One approach is rational. The organization is seen as in some sense a machine, and the principal task of management as to design, engineer, and maintain that machine. Workers, in this approach, are seen either as simple cogs in the machine or as atomized individuals on the economic model, motivated primarily by financial self-interest. The other approach is variously described as human, organic, or normative. The organization is seen as a living organism bound together by personal relationships, and the workers are seen as having complex and interconnected needs and motivations. The principal task of management, in this approach, is to release the human potential of the workers so that the organization can benefit precisely from the fact that they are *not* mere cogs in a machine or atomized self-interested utility maximizers.

Within this scheme, bureaucracy is generally taken as a paradigm of rational management. Weber himself described the bureaucratic organization as a machine and saw the benefits of bureaucracy as lying in the removal of the distorting effects of personal and interpersonal relationships from organizational decision making. Elsewhere, adapting Tönnies's distinction between *Gemeinschaft* and *Gesellschaft*, he distinguished between associative (*Vergesellschaftung*) and communal (*Vergemeinschaftung*) forms of social relationship, based respectively on mutual self-interest and strong personal ties. Weberian bureaucracy, in this context, is clearly built on an associative model.

For much of the 20th century, this scheme works quite well. It tends, however, to conflate two slightly different dimensions, and so leads to some confusion, especially when we look at the debates of contemporary management. For while bureaucracy almost always has machine-like properties, the developed form of bureaucracy that dominated 20th-century management practice relied as much on communal as on associative relationships. The theoretical rationale may have been based on mutual self-interest, but the practical morality of bureaucratic organizations, like that of the hierarchical societies in which they were set, was based on the suppression of self-interest in favour of a shared sense of duty to the community as a whole. In this respect Fayol's model, emphasizing the subordination of individual interests, equity, and esprit de corps, gives a clearer picture of how bureaucracies work in practice. Moreover, when bureaucracies came in for heavy criticism later in the century, a major thrust of that criticism was that they removed individual responsibility and smothered individual enterprise. The 21st-century emphasis on enterprise and entrepreneurial management represents both a rejection of the mechanical rigidity of bureaucracy and, at the same time, a reaffirmation of self-interest.

In the following chapters I shall structure a discussion of management theory and practice around three tendencies rather than the usual two: a *rationalizing* tendency, epitomized by scientific management, management science, and management by objectives; a *socializing* tendency, epitomized by the human relations movement, the management of corporate culture, and management as leadership; and an *individualizing* tendency, epitomized by entrepreneurial management and performance incentives.

Weber said of his analysis of authority types that 'The idea that the whole of concrete historical reality can be exhausted in the conceptual scheme about to be developed is as far from the author's thoughts as anything could be.' The structure adopted here is more pragmatic still. The aim is simply to emphasize particular aspects of management in an ordered and, I hope, helpful fashion, not to provide a classification of any kind. All three aspects can be found in almost any contemporary organization and, as our review of management practice in Chapter 2 will have indicated, in the work of any manager.

Chapter 4
Rationalizing management

Alongside the principles of management summarized in the last chapter, Henri Fayol also offered a definition of management as comprising five logically and sequentially related elements:

1. Forecasting and planning: working out objectives and how to meet them;
2. Organization design and the assembly of staff and resources;
3. Command, or the direction of activity;
4. Coordination between the different activities;
5. Control, requiring a programme of monitoring, inspection, and corrective action where needed.

This definition has stood the test of time. It remains influential today. What it captures, however, is a distinctively engineering view of management. Charged with producing a particular product or output, an engineer will design, operate, and maintain a machine, building into it coordination and control mechanisms to ensure its smooth running according to the original calibrations. Fayol was, of course, an engineer by training, a graduate of the prestigious École Nationale Supérieure des Mines, and most of the industrial managers of the late 19th and early to mid 20th centuries came from similar backgrounds. Whereas Fayol was acutely conscious of the human dimension of management, however, and of the value it could bring, many of these engineer-managers were more concerned to eliminate it. This was particularly the case in America, where poor working conditions and a reliance on immigrant labour forces, perceived as combining un-American habits of beer drinking with un-American ideas of socialism, led in the late 19th century to escalating confrontations between employers and workers. The result was a movement which became known first as systematic management and later as scientific management, after a seminal work published in 1911 by Frederick Winslow Taylor, like Fayol a steel industry engineer-manager.

Scientific management

Taylor and his followers believed that most of the problems of industrial management could be solved by the application of scientific principles to the design and specification of jobs and organizations. Part of their aim was to remove inefficiencies. Part of it was to replace the antagonistic relationships of mistrust between workers and managers with agreements based on rational consensus, very much on the rational-bureaucratic model that would be outlined a few years later by Weber. The starting point was the assumption of financial self-interest. Owners wanted to maximize profits, workers wanted to maximize wages, and both therefore had a rational self-interest in the most efficient system possible.

Taylor suggested that the first stage in maximizing efficiency was a work-study or time-and-motion exercise designed to calculate how the work could be most efficiently carried out. This involved the analysis of different possible divisions of labour into specialized tasks, the optimization of the tools and machines, and the optimization of the physical movements required to operate them, assuming workers well suited to the specialized tasks concerned. The optimized system would then be codified so as to become a standard requirement, to be implemented with absolute regularity, so that the whole workplace operated as a machine. Workers would be selected with the skills and strengths to perform each specialized task, and trained to follow the standard procedures. They would be fairly paid for what was scientifically established to be a reasonable level of performance (assuming they were well suited to the tasks), with incentive pay introduced to encourage over-performance and punish underperformance. Both owners and employees would benefit.

Taylor's recipe could be applied to the simplest of tasks. He gave examples of shovelling and bricklaying that showed them to be far more open to improvement than anyone might have imagined. And he used baseball as an illustration of one activity that had been painstakingly analysed, using scientific reasoning to enhance performance. The recipe could also be applied to much more complicated, mechanized operations, and even to management itself. The primary role of management in Taylor's system was to design, implement, and oversee operations, very much on the engineering model, but management was also part of the machine. A key feature of scientific management was a much greater and more direct involvement of managers in the work process than was then normal, as the analysis of processes and the selection of workers were seen as ongoing, not one-off, activities, aimed at constant improvement. Taylor also suggested that management itself could be analysed in much the same way as manual work, being scientifically divided into specialist functions very much as in Weber's account of the ideal bureaucracy.

Taylor's writings and the writings of associates such as Harrington Emerson and Henry Gantt (creator of the Gantt chart, still today a standard tool of project management) were enormously influential at the time and have remained so ever since. Scientific management principles haven't always been applied in quite the spirit intended. Many employers, for example, used time-and-motion studies to increase workloads without providing any corresponding rewards. Workers might have their pay docked for failing to meet targets, but get little or no additional pay for exceeding them. In the manufacturing industry the use of mechanized production lines, pioneered at Ford around the same time as Taylor's ideas were becoming fashionable, achieved massive efficiency increases by imposing work rates and routines, effectively by physical force. The workers were compelled to operate at the speed of the line. The application of scientific management was also tied up with battles between employers and trade unions. Employers, guided by engineer-managers, used the prospects of enhanced earnings from more efficient processes to entice workers out of their unions, while the unions vigorously resisted all attempts to increase work quotas.

Over forty years after Taylor's death, in 1959, the British movie *I'm All Right, Jack*, starring Peter Sellers as a trade union shop steward, brought time-and-motion studies and the politics surrounding them to the attention of a general audience. As a theoretical approach scientific management had by then been long out of fashion, but the basic thinking behind it and the technologies it advanced were firmly implanted in management practice. Indeed, their influence was still growing: what was old hat in the large manufacturing corporations of the United States was only then gaining a foothold in smaller firms outside America. Since then, theoretical fashions have continued to come and go, but engineered work processes designed and overseen by specialist managerial functions have remained a constant feature of management practice. So too has the challenge of managing the tensions that result, when workers see efficiency enhancements less as the product of rational consensus and more as an imposition designed to exploit them.

Management science and systems engineering

One of the early triumphs of scientific management had been its adoption by the newly created Harvard Business School, in 1908, as the basis for professional management education. Underlying this move were two ideas that were to become increasingly important in the second half of the century. One was that managers should be university-trained experts in their field. The other was that this training should rest on an academically respectable base. Harvard used case study teaching methods adapted from law, in which students argued about what should be done or decided in real business situations, but it was mechanical engineering that provided the academic grounding.

Although many of the larger American universities opened schools of business or commerce in the late 19th and early 20th centuries, the numbers they trained were relatively small. The big explosion in numbers came in the decades following the Second World War, and at that stage the schools naturally built their legitimacy on the science and engineering of the period, in particular those developed in government laboratories during the war and in the Cold War period that followed. The new approach was called management science.

The key engineering discipline underlying this new approach was systems engineering. This was allied to the development of data-processing technologies (the first business computers were developed in the 1950s, and by the 1970s they were becoming commonplace) and the mathematical techniques of operations research: linear and non-linear programming, network analysis, queuing theory, simulation techniques, decision analysis, etc. Between them, these techniques opened up the possibility of taking scientific management a stage further, with much more sophisticated and scientific forecasting methods, detailed analysis that was no longer dependent simply on observation, and greatly enhanced systems of monitoring and control. In the 1960s and 1970s they became the recognized basis, together with finance and statistics, of management education.

This proved to be a passing fad. The mathematics of linear programming, for example, was of little practical use to the ordinary manager. Moreover, as the demand for business school degrees grew (and educational standards generally arguably fell), it quickly became apparent that management science was simply too difficult for most students. In business and public sector organizations it was always treated as a specialist staff function, providing analytical support for the design of operations, rather than as a function of line management. By the 1980s it had become a minority specialism in management degrees, and it remains so today. Systems engineering, similarly, has become a functional specialism rather than a general management tool.

Where the growth of management science has impacted significantly on management practice, however, is through a renewed emphasis on more 'scientific' approaches, captured in a range of techniques that are not necessarily scientifically based but are justified through a general appeal to rationality and efficiency. In the remainder of this chapter we shall explore some of the most influential of these techniques.

Management by objectives

One of the earliest and most influential of the new techniques was *management by objectives* (MBO), expounded by Peter Drucker in the mid 1950s and codified in the form of a 'how to manage' manual by George Odiorne in 1965. Drucker was by far the most influential of popular management writers in the second half of the 20th century and is often credited with inventing the scientific discipline of management. His approach was not unlike Fayol's, in that it was based on general rational principles allied to observation and common sense rather than on any particular theory, and like Fayol he summarized management as comprising five elements. In Drucker's case these were:

1. Objective setting;
2. Organization;

3. Motivation and communication;
4. Measurement and analysis;
5. Self-development and self-control.

Management by objectives takes what is effectively the scientific management model of objective setting, work analysis, target setting, measurement, and control, and applies it specifically to the work of managers as well as to the management of workers. Frederick Taylor's assumption of economic self-interest is, however, replaced by a general view of managers (and workers) as autonomous, responsible rational beings. When Drucker set out his principles of management by objectives, he was strongly impressed by recent developments in social psychology, to be considered in the next chapter, which emphasized the rich potential of human beings and their capacity for self-motivation. He later came to the slightly different view that people are different and have different motivations, and that an important part of the job of a manager is to find the appropriate way of motivating the people reporting to him. Once people are correctly motivated, however, they will want to improve their own performance as well as those of their own reports. In Drucker's model, much more clearly than in Taylor's, performance measurement becomes a means of self-improvement and self-control.

Management by objectives works by setting clear objectives for every manager (and every worker) throughout the organization. The process starts at the top, and it is essential that all the objectives are aligned, but at each level of the hierarchy managers work out with their superiors and subordinates the specific objectives and performance targets for each managerial unit. These targets might be demanding but they should be realistic. They should state clearly the areas in which contributions are not expected as well as those in which they are, and they should include clear statements of what each unit can expect to receive from others. As in Taylor's theoretical model, though not as in its typical applications, the setting of targets is meant to be a consensual process, but in Drucker's model the primary responsibility for drawing up objectives lies with the manager responsible for delivering on them.

The second aspect of management by objectives is a detailed performance measurement system—not necessarily strictly quantitative, but rational and unambiguous—covering all the factors that contribute to achieving the agreed objectives. Crucially, these detailed measurements should go to the unit manager, not to his superior. They should, in Drucker's words, be 'the means of self-control, not a tool of control from above.' Managers are accountable for meeting their units' overall objectives, but they should have autonomy over how this is done.

Management by objectives has been most famously and most rigorously applied by the Hewlett Packard Corporation as the central feature of 'the HP Way', which stresses the self-motivation and creativity of employees and affords them considerable autonomy, while imposing clear and very demanding objectives. As with management science, however, the requirements of theory have generally proved too demanding for practice. Most applications have been much less rigorous, with only vague objectives, limited or non-existent feedback mechanisms, and a greater emphasis on control than on autonomy and self-control. In the long run, the most enduring legacy of the approach has probably been a reinforcement of the Taylorist elements of performance measurement and control applied at management levels.

Business strategy and strategic planning

A key part of any system of rational or scientific management is setting the objectives for the organization as a whole. Traditionally described as *business policy*, this received relatively little systematic attention before the post-war period. As with policy making in the public sphere, policy making in organizations was thought to be a matter of judgement based largely on experience and insight. The Second World War, however, focused attention on the possibilities of using scientific methods to support *strategic* planning. The policy issue here had been whether to go to war or not, and for the leaders of military organizations it was imposed and could be taken for granted. The strategic issue with which they were concerned was how to win.

Transferred to a business context, there is much in the policy area that might be debated—the balance between profit maximization and social responsibility, for example—but the main problem facing senior managers is not whether to make a profit but how. In the 1960s a new management discipline emerged called *business strategy*, and from the 1970s through to the 1990s it was to be the single most dominant management discourse. Strategy was, by definition, important. It was also technical (without necessarily being too technically difficult), masculine, and to do with controlling rather than being controlled. Everybody wanted a bit of it.

The new discipline adopted the basic structure of rational management. Policy objectives having been set or assumed, the task was to gather information, analyse it, make a rational decision, and implement that decision. Business strategy focused mainly on the analysis and decision making, implementation being dismissed as not really strategic. Ideologically, it drew on the achievements of management science, but in practice it used much simpler, cruder techniques of rationalization. Thus the information search was rationalized in the form of what became known as a PEST or STEP analysis. Following the general principle that a successful business strategy should be a rational response to the business's environment, this simply divides the external environment into four components: Political, Economic, Social, and Technological.

The dominant analytical tool was the SWOT analysis, which again offered a simple classification of relevant internal and external factors into Strengths, Weaknesses, Opportunities, and Threats, presented in a simple 2×2 matrix. The dominant decision tools were two more 2×2 matrices. Dating back to the 1950s, Igor Ansoff's growth matrix (growth as a policy objective was almost universally assumed in this period), known more usually as the *Ansoff matrix*, suggested a choice between different combinations of new or existing markets and new or existing products, the key decision criterion being to match the business's skills and resources to the market environment. The Boston Consulting Group (BCG) matrix, or *Boston box*, provided a tool for classifying subsidiary product units of a diversified business according to their market growth rates and the relative market share held, and a recipe based on a statistical analysis of company performance for choosing which to invest in and which to divest from. Illustrations of these various models are given in Figure 2.

Although they were rooted in a mix of theoretical and empirical insights, these techniques were taught and used—and are still taught and used—more as conceptual frameworks than as rigorous analytical tools. What they did, however, was to give generations of new managers a common language. Few business school graduates could do a good strategic analysis, and although they also learnt the financial language of net present value and return on investment, few could combine this necessary quantitative analysis with the strategy models. Like management science, formal strategic analysis was quickly delegated to more highly trained staff specialists in strategic planning offices. But anyone with a management education could talk the language of strategy, and they could provide rationalized accounts of their strategic decisions.

In the 1980s and 1990s, these simple analytical tools were supplemented and to some extent replaced by tools based on the emerging discipline of industrial organization economics.

(a) SWOT analysis

	Positive	Negative
Internal	STRENGTHS	WEAKNESSES
External	OPPORTUNITIES	THREATS

(b) Ansoff matrix

	Existing products	New products
Existing markets	MARKET PENETRATION	PRODUCT DEVELOPMENT
New markets	MARKET DEVELOPMENT	DIVERSIFICATION

(c) Boston box

	Low market share	High market share
High market growth	QUESTION MARKS	STARS
Low market growth	DOGS	CASH COWS

2. Early strategic management models

Traditional economic price theory, based on assumptions of perfect information leading to perfect markets, predicts that all firms in all industries will make standard profits. (Strictly speaking, it actually predicts that there will be no firms and indeed no money, but industrial organization economists set this aside and start from the more practical assumption that firms do exist.) If profits in any industry were to rise above a standard level, new firms would move in, increasing competition and bringing profits back to the standard level. If they were to fall, firms would move out. And if two firms in the same industry earned different profits, the more profitable would drive out the less. It is clear, however, that some industries and some firms within each industry are in practice more profitable than others. In economic language, real industrial markets, unlike many commodity and financial markets, are not efficient, and there are mobility barriers between industries. A firm cannot just move from growing oranges to making computers, at no cost and in no time.

Building on the study of mobility barriers, Harvard Business School economist Michael Porter introduced in the 1980s a simple *Five forces* model for analysing market inefficiencies at the industry level and a *Generic strategies* model that cast strategic decision making as a choice between lowest-cost and product-differentiation strategies on one dimension, and a broad or narrow market orientation on the other (see Figure 3). Other industrial economists, meanwhile, were focusing on the link between strategy and a firm's resources, and Porter soon extended his own repertoire to include a value chain model of resource analysis, providing a conceptual framework for the implementation of a generic strategy by thoroughly implementing and tightly coordinating objectives across the organization. Shortly afterwards, Gary Hamel and C. K. Prahalad provided another influential application of the resource-based approach to strategy in the form of their *Core competence* concept, suggesting that a successful company should be built on a distinctive framework of skills and technologies that penetrated every aspect of its activity and could be used as the basis for a range of different businesses (see Figure 4).

Porter's work gave strategic management a new scientific legitimacy and while few managers understand it (many strategic management textbooks completely ignore its economic origins)

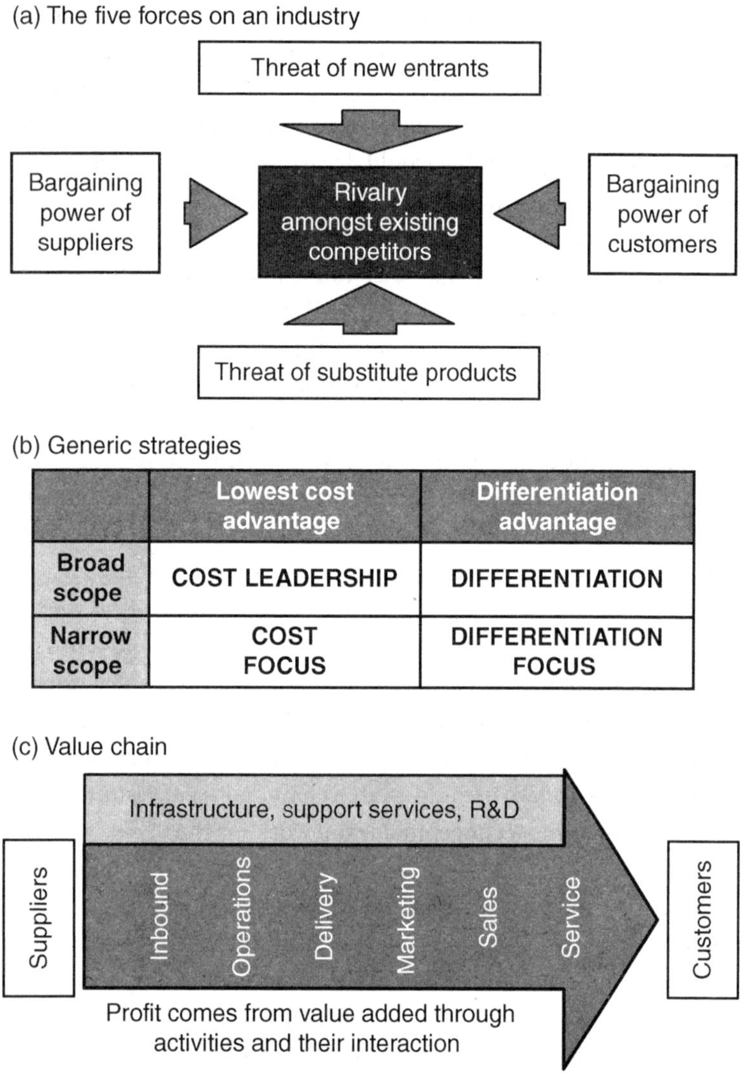

3. Porter's strategy models

the basic models have, like their predecessors, become a staple of management discourse. Fighting against this stream of analytical rationalizing, one influential writer, Henry Mintzberg, has argued persistently that management is more a craft than a science: that

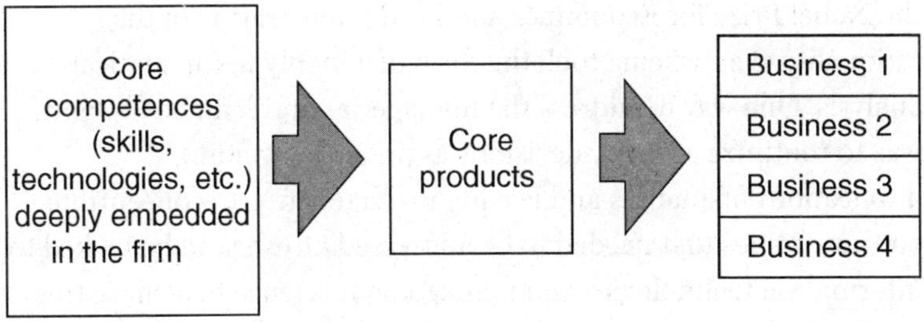

4. Core competence

it is best learnt by using theory to reflect on your practical experience, not by following prescriptive models; and that strategies are as much emergent as planned. He has been fighting a losing battle.

Decision making

One aspect of rational management that received a lot of academic attention in the post-war period was decision making itself. This hasn't found its way into management practice to anything like the extent that the analytical tools of business strategy have, but it has been addressed by some of the leading social scientists of the era. While management scientists developed formal decision-analysis techniques in an attempt to minimize the role of human judgement, social scientists looked more closely at what that judgement entailed, and at the limits of rationality in human decision processes.

The starting point here was Herbert Simon's observation, noted in Chapter 1, that a manager could not take account of all possible information, could not forecast the future or even assign probabilities to possible alternatives, and could not conduct every possible analysis, but had to 'satisfice' (from 'satisfy' and 'suffice'). The rational response to radical information uncertainty and limited mental ability was to seek good-enough decisions rather than perfect ones. Simon's approach was highly rational. He won the Nobel Prize for Economics and his demonstration of the rationality of satisficing took the form of a highly mathematical analysis. One way to address the managerial problem, he thought, was to routinize as many decisions as possible, avoiding duplications of analysis and leaving managers free to concentrate on those issues that needed to be addressed afresh, and he looked to information technologies and management science to achieve this. He also looked to these technologies to provide support for the decisions that couldn't be routinized. He insisted, however, that decision making could never be fully rationalized. Managers were at best only 'boundedly rational,' and human judgement would always be a factor in their choices.

This insight was developed in several ways. In 1959 the political scientist Charles Lindblom drew on it to distinguish between the ideal of rational-comprehensive decision making and the more practical alternative of decision making by successive incremental comparisons, or 'the science of muddling through'. Simon's colleague, James March, noted that in an organizational setting decision making would be compromised not only by the cognitive limits invoked by Simon but also by the entry into judgements of irrational personal preferences and, especially, of political considerations. Writing with Michael Cohen and Johan Olsen in 1972, he described organizations as 'collections of choices looking for problems, issues and feelings looking for decision situations in which they might be aired, solutions looking for issues to which they might be the answer, and decision-makers looking for work.' The need to make a decision, they suggested, becomes a 'garbage can' into which all sorts of personal, political, and organizational elements get thrown.

Consistent with a rationalizing approach to management, the garbage can model was presented in the form of a computer simulation, but its main impact was to stress the limits of rationalizing models and open up the exploration of the social, political, and social-psychological dimensions of the subject.

Moving into the 1980s, psychologist Irving Janis took things in the opposite direction. In 1972 he had published a classical study, *Victims of Groupthink*, of how group dynamics and in particular a desire to avoid conflict and reach consensus lead groups to overlook key considerations and suspend critical rational evaluation, resulting in blatantly irrational decisions. *Crucial Decisions*, published in 1989, offered not only a comprehensive theory of decision making but a long list of prescriptions as to how the irrational elements of decision making could be controlled and eliminated. Just like the strategy literature emerging in the same period, it combined rationalistic recipes for management success with a suitably scientific rhetoric (the prescriptions were actually labelled 'hypotheses,' though they were not hypotheses at all, taking the standard form of 'in this situation managers should do this'), but without expecting the reader to look too closely into the relation between what was proposed and the science that might or might not underlie it.

The main scientific advance in our understanding of decision making in this period takes us back to the cognitive aspects explored by Herbert Simon and has come from cognitive psychologists Daniel Kahnemann and Amos Tversky. *Prospect theory*, for which Kahneman received a Nobel Prize (Tversky had by then died), operates in a relatively narrow context in which it can be assumed that the mathematical probabilities of different outcomes are known. Based on decision-making experiments, it explores the ways in which people systematically make irrational choices as a result of inbuilt cognitive biases and heuristics (shorthand ways of thinking), corresponding to the satisficing modes of reasoning people adopt to cope with some of the problems identified by Simon. It turns out, for example, that people systematically treat gains and losses differently, respond differently to situations presented as threats from those presented as opportunities, and generally respond to risk in inconsistent but predictable ways. They also overestimate the value of private information, have an inherent conservative bias, etc.

Mathematically formulated and based on narrow assumptions, Kahneman and Tversky's work has so far been more influential in economics than management, but it has gradually found its way into management thinking and looks likely to be influential in the future, especially following a more user-friendly account by Kahneman in the form of a recent intellectual autobiography.

Contingency theory and organization design

One of Peter Drucker's early observations was that while the simple top-down organizational and decision-making structures associated with scientific management might work for a steel producer, they did not always work in the more diversified American corporations that emerged in the early part of the 20th century. This phenomenon was explored by historian Alfred Chandler, who argued in his 1962 book *Strategy and Structure* that the structure of organizations followed the strategies they chose, and that a key part of the manager's role was to design an appropriate structure for the strategy.

Meanwhile Tom Burns and G. M. Stalker, who had been studying the process of technological innovation in smaller firms, identified two 'ideal type' organizations. One, which they labelled 'mechanistic', corresponded to traditional Weberian bureaucracy and appeared well suited to stable conditions but resistant to change. The other, termed 'organismic', was less hierarchical, more flexible and interdependent, and held together more by a shared commitment than by loyalty and obedience, and appeared well suited to innovation and change.

A few years later, in 1967, Paul Lawrence and Jay Lorsch suggested on the basis of a study of a cross-section of American firms that successful firms needed to combine an effective differentiation between their different functional units with an effective integration of these units. The more uncertain the environment in which a firm operated, they argued, the greater the degree of differentiation that was required and the greater the corresponding need for integrative mechanisms.

All these approaches to organization design were forms of 'contingency theory,' which can be seen as a rational response to the limitations of simple rational models. If these models do not always seem to work in practice, we postulate it is because they rest on assumptions that do not always hold in practice. The aim of the contingency theorist is to identify through observation and analysis what factors vary, in successful organizations, with what conditions. Practising managers can then draw on contingency theories to guide their decision making: if you are faced with a complex, fast-changing environment, for example, don't go for a rigid, uniform, undifferentiated hierarchy.

Contingency theory was not restricted to the question of organization design. Fred Fiedler, for example, developed a contingency theory of leadership, proposing different leadership styles (task motivated or relation motivated) for different sets of circumstances. Victor Vroom proposed a contingency theory of decision making, distinguishing between different forms of consultation and participation and developing a model to prescribe which approach should be used under which organizational conditions. It was in organization design that it made the greatest impact, however, especially when the different research streams were brought together by Henry Mintzberg, showing here his rational aspect. Mintzberg developed a model (Figure 5) that classified organizations according to five, later six, types or, more accurately, tendencies. Each was characterized by a particular balance of power between the different parts of the organization, a coordinating mechanism reflecting the interests of the dominant part, and a characteristic pattern of centralization and decentralization. And each was associated with particular environmental conditions and a particular approach to strategy.

Organization parts

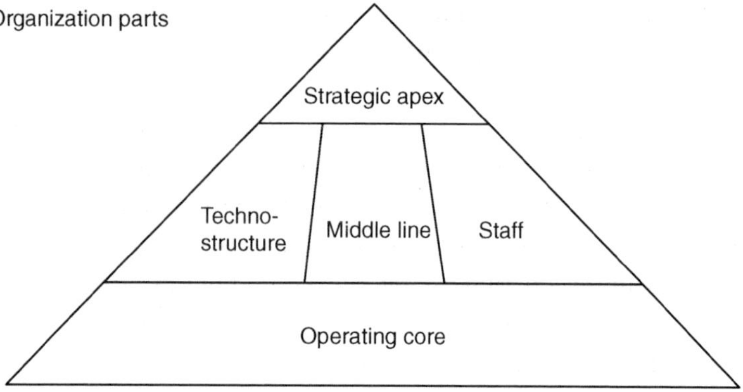

Structural configurations

Configuration	Coordinating mechanism	Dominant pull in organization
Simple structure	Direct supervision	Strategic apex
Machine bureaucracy	Standardization of work processes	Technostructure (work design and operations)
Professional bureaucracy	Standardization of skills	Operating core (professionals)
Multidivisional form	Standardization of outputs	Middle line managers
Adhocracy	Mutual adjustment	Staff (infrastructure and systems)
Missionary	Standardization of norms	Ideology (organization as a whole)

5. Mintzberg's model of organization structure

The logic underlying Mintzberg's model was that while there were many possible combinations of environmental, strategic, and organizational variables, relatively few of them would be coherent enough to be stable, and businesses would tend to fall into those patterns that were. His model helps managers to understand and analyse their organizations and also to focus on what may need attention, for optimization in any one direction will inevitably produce compromises in others. Contingency theory from this perspective is as much about identifying the weaknesses of any approach to management as it is about exploiting its strengths.

Business process re-engineering and human resource management

While many of the approaches described in this chapter sought to provide an improved rational foundation for management, they lacked the ideological rationalism of the pioneers of scientific management. That returned, however, in the early 1990s. Michael Hammer, Thomas Davenport, and their associates argued that because most organizations had evolved gradually they had become weighed down with activities and processes that no longer added value. Many had introduced new information technologies, but they had done so to automate old and redundant processes. What they should be doing was *business process re-engineering*: looking afresh at their entire business processes and rebuilding them, along the lines of scientific management but in the light of current technological capabilities, and especially of computerized information systems, to realign them with objectives and cut out the accumulated inefficiencies.

In many cases these criticisms were well founded. Both private and public sector organizations had responded to the growing complexity of their environments by taking on more managers and analysts. This had resulted in greater problems of coordination, which they had reacted to by employing more managers and analysts. Wedded to a traditional bureaucratic model in which they sought to provide managers with long-term careers and not just short-term jobs, many had also been reluctant to close down activities that were no longer central to their objectives. Business process re-engineering provided a timely corrective and a much-needed efficiency boost to American and European firms at a time of increasing global competition. On the other hand, many babies were thrown out with the bathwater, and the managers who remained were often left with impossible workloads as they struggled to fill the gaps created. A recent study of organizational restructuring in Britain, America, and Japan found organizations that were rationalized but also dangerously dehumanized, with middle managers routinely facing unsustainably long hours, limited career prospects, and high stress levels.

While part of what drove the business process re-engineering movement was a passionate belief in rationality and efficiency, part of it was an attempt by a large but strategically marginalized group of information systems experts to raise their status and take their place at the heart of business strategy. A similar move also lies behind our last example of rationalizing tendencies, the growth of human resource management, which occurred in the same period. Although the pioneers of scientific management laid great stress on the selection, training, and performance appraisal of employees, this part of their prescription was widely neglected. The personnel function, as it came to be known, was dominated through much of the 20th century by routine administration such as payroll on the one hand and industrial relations—negotiating with the trade unions—on the other.

With the erosion of trade union power in the Reagan–Thatcher era, however, and the increasing automation of payroll, personnel departments looked to play a more active role in both strategy and the management process generally. They began to advance psychological testing techniques for employee selection and performance measurement techniques for their appraisal; and to take responsibility for the training and development of the workforce, identifying leadership potential, and managing people out of the organization as well as into and around it. In this last capacity, indeed, they were important players in the business process re-engineering movement, providing a rational basis for fitting people to tasks and managing large-scale redundancy programmes. They also brought a rational approach to the protection of employees, with formal systems to counter bullying and harassment and to protect people from unfair or personally motivated dismissal.

The term 'human resource management' carries an interesting mix of connotations. The 'human' emphasizes the fact that employees are people and not just cogs in a machine, with needs to be considered and rights to be protected. The 'resource' suggests that like other resources—material or financial—the people are basically there to be exploited. The most significant impact of human resource management, however, has been to provide a rational framework for interpersonal relationships. While managers still manage, and are managed, on a personal level (and the chief executive's nephew might still get a job or at least an internship in preference to others more able), this now takes place within a structure of formal human resource procedures.

Chapter 5
Socializing management

How you approach the task of rationalizing management depends largely on your view of human motivation. Frederick Taylor and the advocates of scientific management shared the common assumption of American managers of their time that workers were inherently lazy and selfish, but thought that they could also be motivated by money, and could be rationally persuaded to go along with anything that gave them more money. For Peter Drucker, money was only a small part of the equation. He held, following the psychological research of his day, that different people began with different motivations. With the right encouragement, however, he thought that all could be motivated towards self-improvement. Henri Fayol, meanwhile, saw potential in the socially motivating force of esprit de corps.

These differences have a cultural element. The value of self-improvement, in particular, is deeply ingrained in American culture, where it can be traced back to the popular writings of Benjamin Franklin in the 18th century. The idea that people might be motivated by social ties, on the other hand, though it came naturally to the Frenchman, Fayol, was treated more suspiciously in America. In the business context, especially, social bonding was associated with trade unions, and trade unions (themselves often influenced by European ideas) were associated with a conspiracy to avoid work. Indeed, while scientific management took its legitimacy from rational engineering, its popularity owed much more to its union-busting potential.

Not all Americans took this view, however. Alongside the rationalizing tendencies in American management discussed in the last chapter there was also an ongoing exploration of how the potential of self-improvement could be harnessed through socializing forces of one kind or another, and it was the work of American psychologists in mid century that brought this socializing tendency to bear systematically on management practice. One of the most influential writings in this context was Douglas McGregor's book, *The Human Side of Management*. Published in 1960, this introduced the terminology of Theory X and Theory Y, which provides a convenient starting point for our discussion in this chapter.

Theory X and Theory Y

McGregor suggested that any manager brings to his task a set of assumptions about the attitudes and motivations of the people working for him, together with a related set of assumptions about how they should be managed. Traditional management practices, he suggested, were based on a set of assumptions he labelled Theory X:

1. The average human being has an inherent dislike of work and will avoid it if he can.
2. Because of this human characteristic of dislike of work, most people must be coerced, controlled, directed, threatened with punishment to get them to put forth adequate effort toward the achievement of organizational objectives. The dislike of work is so strong that even the promise of rewards is not generally enough to overcome it.
3. The average human being prefers to be directed, wishes to avoid responsibility, has relatively little ambition, wants security above all.

This theory, he suggested, was not entirely without foundation. But the psychological research accumulated over the preceding twenty years suggested that it was misleading in many ways. As an alternative, not yet fully proven but more consistent with recent findings, he suggested Theory Y:

1. The expenditure of physical or mental effort in work is as natural as play or rest. Depending upon controllable conditions, work may be a source of satisfaction or a source of punishment.
2. External control and the threat of punishment are not the only means for bringing about effort toward organizational objectives. Man will exercise self-direction and self-control in the service of objectives to which he is committed.
3. Commitment to objectives is a function of rewards associated with their achievement. The most significant of such rewards, e.g. the satisfaction of ego and self-actualization needs, can be direct products of efforts directed towards organizational objectives.
4. The average human being learns, under proper conditions, not only to accept but to seek responsibility.
5. The capacity to exercise a relatively high degree of imagination, ingenuity, and creativity in the solution of organizational problems is widely, not narrowly, distributed in the population.
6. Under the conditions of modern industrial life, the intellectual potentialities of the average human being are only partially utilized.

McGregor's proposal has several features of note. There is, first, something of the same belief in self-improvement that we saw in Drucker, linked here with the taking of responsibility and the exercise of creativity. There is the emphasis on human creativity itself, which was to be important for later management developments. And there is the core idea, the 'central principle' on McGregor's account, of the integration of individual and organizational goals. Management is not just about aligning the goals of the individual to those of the organization, as in Taylor's scientific management, but also about aligning the organization to the goals of the individual. The commitment of employees, which McGregor sees as essential for the success of the organization, has to be generated through social and interpersonal relationships and cannot be gained just by economic incentives.

Alternatives to coercion: betterment and paternalism

If we look back at traditional, pre-industrial approaches to management, we can see elements of both Theory X and Theory Y. The dominant mode may have been coercive, but there have always been enlightened employers who have taken a more positive view of their workers' attitudes and abilities and sought to gain their commitment by kindness and responsiveness. With the large-scale industrialization of the second half of the 19th century, sheer scale and the necessary resort to bureaucratic structures tended to depersonalize the organization, making it harder to manage in this way. Under conditions of coercion, control, and worker alienation, the assumptions of Theory X often became effectively self-fulfilling.

Again, though, there were exceptions, and while many employers saw their labourers as hopeless cases of moral degeneracy, some saw hope in moral reform. By improving living conditions, providing education and health care, libraries and social clubs, they thought that they could both fulfil their own moral responsibilities as (typically, Protestant Christian) employers and, by lifting their workers and their families out of the conditions of insanitary homes, alcoholism, and ignorance, create better, more reliable, and more productive workforces. By the 1890s, some companies, such as Cadbury and Lever Brothers in England and Pullman and N. O. Nelson in America, were building model villages to house their workforces, while many more were introducing more modest welfare or 'betterment' programmes.

These paternalistic approaches to management were not always well regarded, especially by rival employers who had no wish to spend their own money on such programmes, doubted if they would work anyway, and preferred to lay the blame for workers' bad habits on the workers themselves. Scientific management was, in general, a much more attractive route to follow, especially when shorn of some of its more positive and enabling aspects and reduced to a system of sophisticated coercion. More modest employee welfare programmes proved invaluable in countering the largely accurate public perception that the modern corporation was dehumanizing and lacked soul. These grew rapidly after the First World War and became the norm in the large 20th-century corporation. But for the first half of the century, at least, a more inclusive and socializing approach to management was restricted to relatively few companies, large or small.

The human relations movement

A more systematic adoption of socializing approaches to management had to wait until after the Second World War, but it rested on scientific developments made during the interwar years. This period saw the growth of interest in Freudian psychoanalysis and other psychodynamic approaches, and also in group psychology. The key figure in these developments was Elton Mayo, an Australian professor based at the Harvard Business School.

When he moved to Harvard in the 1920s, Mayo had been working mainly on the psychological problems associated with production line management, especially the problem of fatigue and how it could be mitigated (and productivity enhanced) by rest pauses. He also had a growing interest in clinical psychology and psychoanalysis, however, and was beginning to look at psychodynamic explanations of worker behaviour. And he was also interested in developments in sociology and anthropology.

At Harvard an ongoing study, characteristic of those carried out within the framework of scientific management, had been investigating the effects of lighting levels on worker productivity at the Hawthorne works of the Western Electric Company in Chicago. It had reached the puzzling conclusion that while output was generally the same regardless of lighting level, it went up whenever the level was changed, whether up or down. Mayo followed this up with a prolonged study of a group of workers assembling telephone relays, experimenting with various changes in working conditions and incentives. This study, which produced similarly puzzling results, was followed by a wider interview programme, which highlighted the importance of emotions, and by observations of workers in natural (i.e. not test) conditions, which showed them manipulating output according to their own social conventions, regardless of the incentive scheme in operation. Mayo's eventual conclusion was that output was determined less by working conditions or incentive systems than by the informal social pattern of the work group. Feelings mattered, and wherever managers took a personal interest in the workers, made them feel important, and generated a mutually supportive and cooperative environment, output was enhanced. Management, it seemed, was not about mechanical optimization processes but about leadership and team dynamics.

Mayo's conclusions were pulled together in 1933 in *The Human Problems of an Industrial Civilization* and again in *Management and the Worker* by two of his colleagues, Fritz Roethlisberger and William Dickson. Both books became bestsellers. Mayo's conclusions were given a further boost by the publication in 1938 of *The Functions of the Executive,* by businessman Chester Barnard. Based on practical experience rather than management science, this also stressed the importance of cooperation and mutual respect, in marked opposition to the established norm of management as control. The decade following the Second World War then witnessed an explosion of both academic research and industrial innovation within what became known as the 'human relations movement.'

On the research side, Rensis Likert demonstrated benefits from participative group management. Herbert Maslow proposed a hierarchy of needs, ranging from basic physiological needs up to self-actualization, and suggested that once a level of needs had been met, it ceased to act as a positive motivator. Frederick Herzberg, on rather more solid empirical ground, showed that the 'motivation' factors contributing to job satisfaction were different from the 'hygiene factors' whose absence contributed to job dissatisfaction, and argued on this basis that output would benefit from job enrichment, rather than from the job simplification recommended by scientific management. At the Tavistock Institute in London, Eric Trist and his colleagues combined the human relations perspective with the systems thinking then shaping management science approaches in their theory of work groups as 'socio-technical systems,' in which social-psychological and technical requirements are mutually interactive. Kurt Lewin's theory of group dynamics and Carl Rogers's developmental psychology were also influential on both management education and practice.

Several of these research programmes were closely linked with developments in management practice, and the movement quickly spawned a new industry of 'management consulting,' with consultants trained in the new techniques offering services in organizational development, work design, and industrial relations. Books describing the new approaches, including McGregor's *The Human Side of Enterprise*, had a broad popular appeal, and they quickly became a staple of management training and education.

From the beginning, however, they had their critics. The new 'science', which relied heavily on qualitative data and interpretative methods, and used only the simplest descriptive statistics, was too soft and woolly, too lacking in rigour, for the majority of business school faculty trained in economics, mathematics, or engineering. The Theory Y assumptions were met with deep scepticism, both by those accustomed to the individualistic and rationalistic assumptions of economics and scientific management and by hardened managers, whose more cynical view of employees proved self-fulfilling and self-reinforcing.

More fundamentally, while the human relations approach to management was attractive enough in the classroom, it was incredibly difficult to put into practice. It required not only a high level of interpersonal skills, but also great patience and a great investment of time, which few managers had, or could sustain, or could afford. The philosophy of human relations continues to influence management today, but it is honoured more in the breach than the observance.

Japanese management and organizational culture

While consultants and practitioners struggled to put human relations principles into practice, the emergence of serious competition to American and European multinationals from Japan in the 1970s suggested an alternative take on the problem of worker commitment. For while the large Japanese companies seemed to benefit from very high levels of employee commitment, this was not obviously achieved through inspirational leadership or empowering managers. On the contrary, Japanese firms were strongly hierarchical organizations, with many of the characteristics of traditional bureaucracy. They did, however, offer lifetime employment (albeit only for men—women were still expected, as they had been in Europe fifty years earlier, to resign on marriage) and comprehensive social welfare programmes, and they also bound their employees to the aims of the organization through very strong corporate cultures. In the early 1980s a rash of popular, practitioner-oriented books, mainly written by management consultants, extolled the virtues of corporate or organizational culture as a management tool.

Some of these books focused explicitly on the virtues of Japanese management. The most influential of these, both published in 1981 and instant bestsellers, were *The Art of Japanese Management*, by McKinsey consultants Richard Pascale and Anthony Athos, and *Theory Z: How American Business can Meet the Japanese Challenge*, by management professor Bill Ouchi. 'Theory Z' was Ouchi's recipe for how American companies might adopt and adapt some of the key features of Japanese management, and was presented as building on but further developing McGregor's Theory Y.

The most striking feature of Japanese management was the priority it gave to collective over individual values. Decision making was highly consensual, with no decision formally taken until all those affected and concerned had committed to it. This was accompanied by collective responsibility. There were no individual incentives, and although the basic structure was bureaucratic, teamwork was commonplace and cut across bureaucratic lines, as managers put together teams based on skills and personalities rather than job titles. There was a high level of trust between managers, and between workers and managers, and innovations were welcomed rather than rejected. The flexibility of the organization and the job security combined to allow people to experiment collectively with new ideas, without fear of short-term performance consequences.

All this was made possible by a setting in which people knew each other intimately and were motivated by common goals. Part of this came from lifetime employment. Part of it came from extensive company-specific training programmes. Part of it came from a caring and trusting environment, and from an interweaving of business and social life. Leisure was an extension of work, and the company acted as an extended family—to the detriment, often, of a manager's real family, who might see very little of him. At the centre was a strong set of corporate values, embodied in symbols, routines, and practices, and supporting a common understanding of what the company was about, where it was going, and how it was getting there: a strong organizational culture.

These explorations of Japanese management were quickly followed in 1982 by two books extolling the virtues of a strong corporate culture in American corporations: *Corporate Culture*, by Terrence Deal and Allan Kennedy, and the biggest seller of all, *In Search of Excellence*, by two more McKinsey consultants, Tom Peters and Robert Waterman. The following year, these were joined by yet another blockbuster, *The Change Masters*, by Harvard Business School's Rosabeth Moss Kanter.

The most influential of these books was *In Search of Excellence*. Drawing on studies of top-performing American corporations (where performance was assessed in terms of growth, financial returns, and, crucially, responsiveness or innovation) Peters and Waterman identified eight characteristics of excellence that appeared to distinguish these firms from their less successful competitors. Modelled on McKinsey's '7-S Framework' for business and organizational analysis, these combined organizational, strategic, and management elements. Key claims, for example, were that excellent firms were close to their customers and had a narrow strategic focus (they 'stuck to their knitting'). The management characteristics were, however, critical, and with some rearrangement they can be summarized as follows:

- A strong people orientation. Everybody is treated as part of the team and not just as an expendable or replaceable resource.
- Hands-on management, with a bias to action. Managers get involved, working with people to make things happen and find solutions. They don't just analyse and give instructions.
- Autonomy and entrepreneurship. People are encouraged to innovate and experiment, and to implement their proposals; failure is tolerated, and decision making is passed down the line.

- Flexibility and teamwork. The organization structure is seen as a resource, not a constraint. Issues are addressed through ad hoc teams, often constructed on a voluntary basis.
- Value driven. A clear and explicit value system running right through the company, communicating what the company stands for, what's excellent about it, and what it's trying to achieve.

Some of these characteristics reflected recognized good practice in a world still heavily influenced by Theory Y prescriptions. Others reflected observations that had clearly been interpreted in the light of Japanese management practices. For Peters and Waterman, the single most important element was the emphasis on culture and values, and they captured the rationale behind this in one of their eight characteristics: simultaneous loose–tight properties. The basic idea was that if you could use a very tight organizational culture to tie people into a clear direction and set of objectives, then you could dispense with more traditional control mechanisms and free them up to be innovative and creative, confident that this would work in the company's interests.

Immensely appealing as it was, this idea proved, like so many others, to be rather hard to put into practice. Peters and Waterman themselves noted that another characteristic of their excellent companies was exceptional leaders, many of whom had shaped their companies. Academic studies of organizational culture and change, which began around the same time, suggested that cultures were often closely associated with a founding figure, and were always deeply rooted in a company's history. As anthropological research suggested, culture and history were closely entwined, and changing a culture was no easy matter. It was not enough to change structures and systems, for so long as there were still embodiments of the old culture—in symbols, stories, routines, and so on—the organization would tend to fall back into its old patterns. Even when an inspired leader did manage to engineer a major change, it proved hard to sustain beyond his tenure.

Many of the ideas popularized at this time were, nevertheless, carried forward. Today's bureaucracies are much, much more flexible than their predecessors. Managers work more as a team, they treat their reports more as team members, and teamwork generally is more pervasive. Some companies use teams as a basic organizing device; others as a device for problem solving and innovation. Senior managers often recognize the importance of strong shared values, even if they cannot often create a value-driven culture. And the loose–tight formula is often applied at the project team level, where the challenge of the project itself can motivate a strong shared commitment.

Moreover, while older companies may struggle to change their cultures, many of the world's most exciting companies, still young enough to benefit from cultures built by their founders, are managed in a way that is recognizably related to Peters and Waterman's recipe: Apple, Google, Amazon, and Virgin, for example, all work on the loose–tight principle.

Finally, one aspect highlighted both by Peters and Waterman and by Kanter has also impacted in a rather different way. Entrepreneurial management has become very much part of the mainstream, but while companies like Google can use their socializing approach to management to capture its benefits for the firm, many organizations rely instead on a combination of old-fashioned controls and individualizing incentives. In the next chapter we turn to this individualizing tendency in management.

Chapter 6
Individualizing management

Although the scientific management of the early 20th century was based on what we would now term an economic model of the working man (*homo economicus*) as a self-seeking economic utility maximizer, this model was not then extended to managers. Workers were considered inherently lazy and self-interested beings who would perform satisfactorily only if given financial incentives, on the scientific management model, or if coerced, on the more popular model captured later by McGregor's Theory X. Managers, however, as members of the respectable middle classes, were assumed to be morally upright and socially responsible members of the community. This did not preclude financial self-interest, especially in the American context. Success, for Americans, was measured very largely in monetary terms. But even in America other things were assumed to matter too, and elsewhere they were dominant. Behind the interwar and post-war development of the human relations movement were the experiences of two world wars and the deep economic depression of the early 1930s, which emphasized the values of social cohesion over individual interests.

For much of the 20th century, the dominant model of the manager was of someone who gained satisfaction not just from the economic benefits of the job but from the job itself, and from the social status it offered in the interlinked worlds of business, public administration, and the community—the private schooling for the children, the golf club, the charitable associations, and public service committees. The American and European models were much more individualistic than the Japanese one described in the last chapter. There was much more competition for promotion, for example. But there were strong commonalities too. While workers might be paid on piece rates, managers were generally salaried, without any incentive components to their pay. It was commonplace for a manager to build his career in a single firm, and for the firm to take responsibility for his family. Managers were almost all men, and their wives rarely worked (though they were expected to turn out for the company, supporting their husbands on social occasions).

Inside the organization, Western managers had clearer job definitions than their Japanese counterparts, with the emphasis on individual rather than collective responsibility, but this more rigid bureaucracy also afforded comfort and protection. The ambitious could compete up the hierarchy for the top jobs, but the less ambitious could live comfortable lives with a high level of security.

With the increased competition of the 1970s, brought on by steeply rising oil prices, competition from Japan, opening global markets, and new information technologies that allowed new firms to undercut the knowledge-based advantages of more established corporations, these comfortable old bureaucracies began to feel the pressure. In a classic sociological study of an American manufacturing company carried out in the 1940s–1950s, *Men Who Manage*, Melville Dalton had already noted the limitations of formal bureaucracy in dealing with non-routine events in a competitive environment, whether machine breakdowns or urgent customer orders. He found, however, that the managers overcame these limitations by resorting to the less formal setting of the yacht club. Thirty years later in *Moral Mazes*, another classic study of two more manufacturing bureaucracies, now declining in the face of new competition, Robert Jackall found a complete separation between work and the community, and between the moral orders associated with them. Managerial work was dominated by self-interest and a fight for individual survival.

By the early 1980s, bureaucracy had become a synonym for inefficiency. Everyone agreed that organizations, in the public as well as the private sector, needed to be more efficient, more responsive, more flexible, and more innovative. Ways had to be found to release people's natural energy and creativity. One response, discussed in the last chapter, was to use organizational culture to generate social commitments and to energize and direct people's work. Another was to enhance productivity and creativity through individual incentives.

Management and enterprise

From this alternative viewpoint, the problem with bureaucracy (now used as a label for all relatively rigid hierarchical structures) was not that it failed to bind people together in a shared commitment, but that it bound them too tightly, stifling both individual responsibility and individual initiative. The advocates of this view had no core text to compete with the likes of *In Search of Excellence*, but they didn't need one. From the early 1980s onwards, beginning in Ronald Reagan's America and Margaret Thatcher's Britain but quickly spreading across the world, the values of enterprise pervaded the whole of society. Even in the most rigidly bureaucratic of cultures, such as those of Russia and China, individual entrepreneurship flourished, albeit accompanied by that other classic mark of self-interest, corruption. In the developed world, entrepreneurs were lauded, greed became good, and public as well as private sector organizations were rebuilt on the enterprise model.

This movement had deep historical roots, and its emergence in the 1980s had no single cause. Globalization and new technologies played a big part, but so too did secularization and a general build-up of distrust in authority. Its key features can be easily summarized, however.

First there was a growing legitimacy, in all walks of life, of self-interest, and a corresponding weakening of duty. Traditional sources of authority were undermined, and traditional conceptions of moral duty gave way to a range of other moral principles such as self-reliance, fairness, and rights—including the rights of those in possession as well as those of the dispossessed. Second, as traditional moral values were downplayed, money came to be viewed as a measure of everything, and the measurable properties of very short-term effects became prioritized over the much harder to measure long term. Even Japanese firms, at the same time as their long-term focus was being lauded in the West, became markedly more short term.

Third, there emerged a new political orthodoxy of economic egoism and free market capitalism. In a nutshell, it was held that the maximum benefit for society overall (now measured, like everything else, in monetary terms) would be gained by encouraging unconstrained free market competition between actors driven purely by their economic self-interest. The idea, attributed slightly inaccurately to the 18th-century philosopher Adam Smith, was that the price mechanism would ensure the most efficient allocation of resources, and it was applied not only to the liberalization of industrial and financial markets, but also to the managerial labour market.

All this was accompanied, at a more personal level, by a preoccupation with the 'authentic' inner self, and a recasting of social relationships as alliances of like-minded individuals rather than enactments of social bonds that bound differently minded people together. In personal relationships, what mattered was that people were true to themselves, even if in practice this meant being plain selfish. In the context of work, the approved social identity became that of the entrepreneur, conceived in terms of a set of enterprise values: self-motivation, autonomy, personal responsibility, self-regulation, boldness, energy, productivity, efficiency, competitiveness, initiative, innovativeness, creativity, and risk taking.

Some of the strongest advocates of enterprise culture were, rather curiously, traditional moralists, who associated it with a return to 'Victorian values'. In applying the philosophy to a recasting of public sector management, they were also under the strange illusion that people could have all the characteristics of the entrepreneur and still do what they were told and be driven by the goals of the organization. Real entrepreneurs, of course, are driven by their own goals, and are accountable only to themselves. In the public sector, in consequence, which had been characterized for much of the 20th century by a shared commitment to public service, the individualizing move towards enterprise was quickly followed by a massive increase in bureaucratic controls. With the public service ethos fatally undermined and the self-interested entrepreneurial cat let out of the bag, the only way to regain control was through an ever-increasing volume of detailed rules and regulations.

The most striking manifestation of this has been the rise of an audit culture alongside the enterprise culture, with public sector organizations subject to ever more demanding regulatory regimes of self-assessment and external scrutiny. Especially in the health and education sectors (and within these sectors in private as well as public organizations), much of a manager's time is now taken up with the detailed documentation that has to be provided for inspectorates, as well as with the inspections themselves.

These audit regimes are partly an attempt to control managers' new freedoms and partly a means of allocating blame when the attempt fails, and in the latter guise they run through contemporary society. When responsibility becomes individualized rather than shared, people seek to pass it on, and one consequence is that private sector managers are also faced with a heavy burden of externally imposed regulations, especially in areas such as health and safety. If an employee foolishly stands on a chair and falls off, it can no longer be treated as a silly accident. The organization becomes legally liable and the manager slack enough to let such a thing happen becomes accountable. Rather bizarrely, major financial misdemeanours seem to be less troubling, as the large accounting firms responsible for financial audits, themselves embracing the enterprise culture and hungry for fees, have shown themselves repeatedly to be effectively buyable by their clients.

Private sector bosses have generally had fewer illusions than the politicians who directed public sector changes, and as fiercely competitive individuals themselves (a necessary requirement for making it to the top of the business hierarchy) many have been more than happy to play by the new enterprise rules. Managers have been given much more freedom and autonomy, but this has been combined with much higher performance expectations, and much less security of tenure. In an enterprise setting, managers are recognized to be driven primarily by their own individual achievements, measured in terms of salary and promotion, rather than by the achievements of their company, or of the unit they manage. Indeed, high flyers often advance by switching roles—manoeuvring their way out of underperforming or low-profile teams and into more successful ones—and by switching companies, spending little time in any one one place. This is harnessed to the company's aims by individual incentive schemes, from which the top managers themselves have been the greatest beneficiaries. Managers who fail to perform, who in the past would either have been trained up or found a useful niche, are now released: it is, after all, a free market, subject on both sides to the simple laws of supply and demand.

This approach has been taken to its extreme in the financial sector, where performance is most easily measurable. From the

1980s to the 2000s the sector grew massively, and grew massively rich, on the back of it—though arguably at the cost of the real economy, and of society at large. Elsewhere, the values of enterprise have been combined with some of the other features we have reviewed to create a distinctive kind of early 21st-century organization and approach to management, which is sometimes labelled 'post-bureaucracy'.

Management and post-bureaucracy

Contemporary organizations often exhibit a mixture of all the tendencies we have been reviewing. Most large organizations, public or private, are constantly restructuring and re-engineering their processes in a rationalistic search for efficiency. At the same time, they promote a shared commitment to common goals through a strong organizational culture (or what they hope is a strong organizational culture) and a demand on their managers that they treat people in accordance with the positive ideals of the human relations movement. At the same time, they ask people to be entrepreneurial, make extensive use of individual incentives, and hire and fire according to strict market conditions, leaving people 'free' to manage their own careers—or not, as the case may be. Bureaucracies are much more flexible than they used to be, but most organizations still have a clear hierarchical structure. Every manager, apart from the chief executive, has a boss, and every manager is a boss. This is overlaid by personal and informational networks, which provide the main channels of communication. And the core operating elements are semi-autonomous teams, flexibly assembled to meet the challenges of the day.

All of this makes management both more interesting and more demanding. The flexibility, the reduction of management cadres as a result of efficiency drives, and the bureaucratic burdens of accountability all add to the manager's workload and enhance the sense that the task is, literally, endless. And the responsibilities associated with the manager's role all pull in different directions.

Managers have always had multiple responsibilities: to their immediate superiors, to the organization as a whole, to the colleagues or team members with whom they work, to the employees who report to them and rely on their guidance and support, to their families and others who rely on their friendship and care, and of course to their own personal interests. What is striking about post-bureaucracy is that whereas in older and simpler organizational forms these responsibilities were largely aligned, they are now frequently at odds with each other. Self-interest, the interests of other people, and the interests of the company or agency are all in tension. We can see the impact of this by looking at a couple of examples. The core of a manager's job is, arguably, to manage and develop her reports, but this is now in tension with the need to treat them as expendable resources, a corporate need that is reflected in the manager's own incentives and conditions of continuing employment. Again, one of the core challenges of a managerial career is to find a balance between work at home, but this is now, in many organizations, impossible, as meeting the demands of economic security clashes with the demands of family presence and engagement. Partners have long claimed that managers were married to their companies, but there was in the past some social compact, in terms of relative job security. Now there is none.

This is not always the case, by any means. Some companies do provide their managers with socially enriching and secure experiences, while others with a more purely individualistic approach, most obviously in the finance sector but scattered throughout the economy, attract managers who share their values, and whose partners surely recognize that up front. But many organizations are now too conflicted to be anything other than sources of stress.

Theory and practice in contemporary management

Management theory is cumulative. It is developed mainly by social scientists who build, like all scientists, on the findings of their predecessors. Management fashion is cyclical, or at least variable according to circumstances. Wars, for example, tend to bring out the virtues of social bonds and emphasize the dangers of excessive individualism. Economic development provides opportunities for enterprise and highlights the advantages of individualism. Uncertainty prompts a desire for rationalism and rational control mechanisms. Political developments, themselves often responses to social or economic troubles, introduce ways of thinking that are then carried into the management context.

Management practice is influenced by both theory and fashion, and develops both progressively, in response to new levels of scientific understanding, and cyclically, in response to fashion. And of course it varies enormously from company to company, organization to organization. So while the post-bureaucratic management described in the last section may be the dominant contemporary model, it is not the only one. Many organizations are managed in a more rational, more social, or more individual way, and many still rely heavily on traditional or charismatic authority. Many are still managed coercively.

Management practice also depends on the wider cultural context in which the organization is operating. Investment banking and management consulting, for example, tend towards individualism. Heavy engineering tends towards rationalism. The creative industries and—despite decades of enterprise reforms—the public sector exhibit more socializing tendencies.

As we shall see in the next chapter, national cultures also make a big difference to management practices. But before we explore how, we should note explicitly something that will have become increasingly obvious through the last three chapters: the overwhelming dominance of American ideas in management theory. The vast majority of the management theory we have covered originated in America. Even the theory of Japanese management was essentially an American construction. For much of the 20th century it was only really in America that people *studied* management, either as academic researchers or as university students, as opposed to just getting on and doing it. Even in the 1970s and 1980s, management research and teaching were largely restricted to North America, Great Britain, Australia, and New Zealand, and business schools created elsewhere on the American model, often with English as the language of instruction, and with American research literature, American textbooks, and American examples as their stock in trade. Even today, students from the world over go to America and Britain (or American and British schools overseas) for their graduate management training. Hardly anybody travels in the opposite direction.

With management research, management theory, and global management education all built largely on the American model, it is not surprising that the same is often true of management practice. There are, however, some variations, and we shall look at these in the next chapter.

Chapter 7
Management across cultures

Even in America there has been little systematic study of management practice, or of the application of management theories. Outside America there has been hardly any. There have, however, been some large-scale studies of management attitudes across different cultures. The pioneer here was Geert Hofstede, who began conducting attitudinal surveys with IBM executives from around the world in the 1960s and first published an analysis of his findings in 1980. Hofstede identified four, later extended to five, dimensions on which managers' attitudes varied significantly according to their cultural upbringing (see Table 1). From the mid 1980s, Alfons Trompenaars and Charles Hampden-Turner conducted a similar research programme, eventually surveying 34,000 managers from many different companies and countries and analysing their responses to a range of dilemmas framed to capture tensions between complementary values. Beginning in the 1990s, the GLOBE project coordinated by Robert House used local investigators around the world to extend the cultural range of Hofstede's studies, with particular attention to the cultural dimensions of leadership.

Hofstede's analysis has been criticized by other researchers, but his early findings have proved to be fairly robust and were largely supported by the later GLOBE project. Hampden-Turner and Trompenaars aimed for insight rather than academic rigour,

Table 1 Ten countries measured on three of Hofstede's dimensions

To better bring out the comparisons, Hofstede's scales have been rebased and in one case inverted, with the USA set at 100. The two dimensions not covered here are masculinity–femininity, which has been much criticized, and long versus short time horizons, where the surveys were of students rather than managers

Individualism (HIGH) versus Collectivism (LOW)	Uncertainty tolerance (HIGH) versus Uncertainty avoidance (LOW)	Egalitarianism or Low power distance (HIGH) versus Hierarchy or High power distance (LOW)
	Singapore 575	
	China 153	
	UK 131	
	India 115	UK, Germany 114
USA 100	USA 100	USA 100
UK 98		
France 78	Brazil 83	
Germany 74	Germany 71	Japan 74
		S. Korea 67
		France 59
		Brazil 58
India 53	France, S. Korea 54	Singapore 54
Japan 51	Japan 51	India 52
		China 50
Brazil 42		
Singapore, China 22		
S. Korea 20		

combining their empirical analysis with observations gleaned from the historical and sociological literatures, and exploring preconceived dimensions of culture rather than trying to extract these dimensions from the data. Their conclusions are, however, consistent with those of the other studies, and more focused on the question of management, and we shall draw on them alongside some of Hofstede's results here. We shall begin by looking at some of the characteristics of American culture, including those that help us to understand why American research teaching has been so dominant in management. We shall then take a snapshot look, inevitably impressionistic, at some of the different attitudes and approaches to be found in other cultural contexts.

Management and American culture

Two of the dimensions explored by Hampden-Turner and Trompenaars were the conceptual dimensions of universalism versus particularism and analysing versus integrating or synthesizing (see Table 2). On both dimensions their surveys showed American culture to occupy an extreme position. In response to a range of dilemmas, American managers came out on average as the most universalistic in their attitudes, believing that the same rules should apply equally and without exception to everybody, regardless of personal or social circumstances. They also came out as the most analytic, reducing problems to their elements rather than viewing them as a whole, and concentrating on the bare facts rather than seeking to contextualize them. Other English-speaking cultures shared the same tendencies, but not to quite the same extent. Japanese, Singaporean, and French managers, by contrast, took much more particularistic and markedly more integrative views, while German managers tended towards universalism but also towards an integrative perspective.

The American combination of universalism and analysis matches the American desire for, and belief in, scientific theories of

Table 2 Typical rankings of six countries on some Hampden-Turner and Trompenaars dimensions

The surveys posed several dilemmas relating to each dimension and the tables below give an impressionistic summary of the comparisons that can be drawn from them rather than single precise measures

Universalism (HIGH) versus Particularism (LOW)	Analysis (HIGH) versus Synthesis (LOW)	Individualist (HIGH) versus Communitarian (LOW)	Inner-directed (HIGH) versus Outer-directed (LOW)	Achieved (HIGH) versus Ascribed (LOW) status
USA	USA	USA	USA	USA
Germany				
UK	UK	Germany	Germany	UK
		UK		
	Germany	France	France	Germany
				France
Japan	Singapore	Japan	UK	
Singapore	France			
France	Japan	Singapore	Singapore	Singapore
			Japan	Japan

management. In simple terms, the combination of universalism and analysis corresponds closely to what I have termed the rationalizing approach, which has dominated American management theory and practice. Scientific management, management by objectives, management science, strategic planning, and process re-engineering all insist on a detailed analytical deconstruction of problems and on universal prescriptions for their solution. Contingency theory uses analysis to bring apparently particularist variations under a single universally applicable theory.

The American approach goes further, however, for even the more particularist and integrative views of management, such as those captured by the human relations movement, McGregor's Theory Y, or the Japanese management principles that became popular in the 1980s, were cast by their American champions as universal theories, derived from empirical analysis. What I have described as the socializing tendency in management becomes, in American research and teaching, as universal and analytic as the tendencies it opposes.

One dimension that was common to all the studies reviewed here was that of individualism versus collectivism or communitarianism (no single word is ideal here, as all carry unwanted connotations). Here again American culture occupies an extreme position. American managers come out as much more individualistic than others, emphasizing individual abilities over interpersonal fit, individual over collective motivation and rewards, individual over group accountability, and individual aims over social expectations. This clearly matches what I have called the individualizing tendency in management, but it can also be seen in the American approach to management education and training. Other cultures tend to see managers as part of the organization and develop them within the organization, through apprenticeships and mentoring. The American approach is to develop individual managers through a business school education, the idea being that they can, as individuals, apply their (universal) knowledge to any organizational setting.

Other characteristics of American management culture suggested by these studies include a relatively low 'power distance,' or high expectation of equal opportunities, and a tendency to link status with achievement rather than position. Hierarchies in American culture are typically based on rational authority, linked to ability and achievement, rather than on traditional authority, and it is current ability that matters. Other cultures—Japan and France, for example—are no less competitive or meritocratic in selecting people to be part of the organizational hierarchy, but once the exams have been passed and the places secured, the hierarchy takes over. Power differentials are accepted and status goes with position. American individualism rebels against this.

American management culture is also at one extreme of the spectrum in its attitude towards time. On Hofstede's measures, Americans have a much shorter-term orientation than respondents from most other cultures. On Hampden-Turner and Trompenaars' measures, American managers have a sequential rather than synchronic approach to time. The past is virtually an irrelevance and the future is distant. Living in the present, they also have a relatively high tolerance of uncertainty. The individualism that separates them from strong social ties, whether at work or in their communities, also works in the time dimension, freeing them from both the bonds of history and concerns as to the future. Universalism, analysis, and their approach to time also combine in a distinct approach to management in which analysis and interpretation are clearly and sequentially separated. American managers may end up 'muddling through' or learning from experience, but they don't normally set out with that intention.

Finally, something that is mentioned only in passing in these studies but has been explored more explicitly in others, American culture more than any other measures things in terms of money. In many ways this acts as a proxy for ability and achievement. In a culture characterized by self-reliance and a strong work ethic, with an orientation towards the present rather than the past, and a suspicion of social ties, inherited wealth has always been treated with ambivalence, but Americans often judge each other by how much they earn. Other cultures are reluctant to reduce complex qualitative values to something so simple. They would distinguish, for example, between monies earned from products or activities of differing value. But in American culture money acts as a perfect universal and analytical measure of individual achievement.

Management in Chinese cultures

At the time much of the research being drawn on here was done, the main interest of American and European management academics was in what could be learnt from Japan. Today, the most natural comparison to make is between American and Chinese management.

Chinese management culture appears to share one feature of the American prototype outlined above. Both Chinese and American managers have a relatively high tolerance of uncertainty. This is linked, however, with quite different perceptions of time. While Americans tend to focus on the very short term, and so do not worry about future uncertainties, the Chinese orientation is so long term that the uncertainties of the present and near future can be dismissed as merely transient.

In other respects too, Chinese and American attitudes appear to be polar opposites. While American culture is highly individualistic, for example, Chinese is highly collectivist, with extremely strong ties to family and, to a lesser extent, community. Social expectations trump personal aims, and social standing trumps, and enables, personal achievements. The Chinese concept of *guanxi* refers to networks of interpersonal relationships within which people pay and repay personal favours and take care of each other's interests. Modelled on familial relationships, these stretch out through extended families and school or community connections to large family-like webs of reciprocal interests and obligations. While Americans believe in equal opportunity for all, and accept authority only when based on ability and achievement, Chinese society and Chinese organizations are much more authoritarian, with large power differentials and hierarchies based on traditional authority, often with an element of coercion. In contrast to the American tendency to analyse and universalize, Chinese managers adopt an integrative and particularist perspective. Specific circumstances and personal relationships matter more than general rules or principles, and the whole is more important than the parts.

In a society in which family loyalty and *guanxi* are considered far more important than contractual or organizational obligations, it is not surprising that Chinese business tends to be organized on family lines. Even though many large companies are now listed on the stock exchanges, they remain under family control and are typically run as simple hierarchies, with tight control from the top. Many of the older Chinese family companies, based in the capitalist enclaves of Hong Kong, Taiwan, and Singapore, have grown into large multidivisional conglomerates and have long been exposed to Western values and ideas. But while they have adopted Western techniques of marketing, finance, and so on, they are still managed as distinctively Chinese organizations—as, in effect, large multidivisional families, held together more by personal than by contractual relationships.

Japan, South Korea, India

As a general rule, the major Eastern cultures have much more in common with each other than they do with American culture, but each has a distinctive profile. The Japanese management culture, for example, shares much in common with the Chinese, but differs on two crucial dimensions. First, the Japanese have a much lower tolerance of uncertainty than either the Chinese or the Americans. Second, while generally collectivist in their orientation, the Japanese appear to be much more individualistic and materialistic, or money oriented, than other Eastern cultures.

Hampden-Turner and Trompenaars capture the Japanese balance between individualism and collectivism nicely when they say that, while American managers select individuals for a team, Japanese managers make a team from the individuals they are given—and then take collective responsibility for its actions. Similarly, while Americans impose universal rules upon individuals, overriding particular considerations, Japanese derive their rules from the particulars of personal relationships. The Japanese word for 'objectivity,' literally translated, is 'the guest's point of view.' This balance also appears in other respects. Like the Chinese, the Japanese accept high power differentials, and associate authority with status, but the status has first to be earned and the power carries with it responsibilities. Japanese hierarchies may be strong, but they are built on trust and mutual obligations rather than on the top-down imposition of authority. The Japanese perspective is long term, but not as long term as the Chinese, and loyalties and obligations act at the more immediate, medium-term and material level of the organization, rather than at the longer-term and more emotional level of the family.

The collective responsibilities of a family are in some sense idealized in the Japanese organization, which is built around the ideal of harmony (*wa*), whereas in the Chinese context it is the real family, with all its tensions and conflicts, that provides the model. In the Japanese organization trust is built on experience rather than on contract or kinship, and management works through a cyclical process of action and reflection rather than a linear one of analysis and implementation. Consensus and cooperation don't replace competition but complement it. Generally, whereas American managers tend to see things in black and white either/or terms, Japanese managers understand that each side of any opposition contains the seeds of the other and look for both/and resolutions.

South Korea mixes these various elements in yet another way. It shares the strong family culture of China, and its companies are mainly family companies. From the outside the South Korean industrial conglomerates, the *chaibol*, look rather like the Japanese industrial conglomerates or *keiretsu*, but the management of the *chaibol* subsidiaries is traditionally allocated to family members, the authority exerted is much more top down, and there is much less scope for individualism. Korean management practices generally are much closer to the Chinese than to the Japanese model. Korean managers appear much closer to their Japanese counterparts, however, on Hofstede's measures of uncertainty avoidance and timescale orientation, and share much of the Japanese approach to management.

While Chinese and American managers are consistently amongst the most comfortable in the world with uncertainty, Japanese and Korean managers are consistently amongst the least comfortable. They stick rigorously to tight social norms, struggle with change, and seek certainty and security—through hard work, through consensus, and by putting a lot of hard work into achieving consensus. Their time orientation is long term by American standards, and much more synchronic. Past, present, and future are seen as an integrated whole. But it is nothing like so long term as that of Chinese managers. And in Korea, as in Japan, the relatively long-term orientation can be linked to a perception of the company as serving the long-term needs of society, rather than the short-term needs of shareholders.

India offers yet another mix. Like Chinese managers, Indian managers display a very high acceptance of power differences combined with a high uncertainty tolerance. But while their time orientation is relatively long term, it is markedly less so than the other Eastern cultures we have surveyed; and, as in Japan, a general collectivism is moderated by a measure of individualism. Indian management structures are almost always extremely hierarchical, with decisions flowing from the top. Many Indian companies are also family run, and in a socially stratified society who you are counts for more than what you can do. But Indians also love to argue a point. While the Japanese seek consensus and the Chinese brook no argument, Indian management culture allows for argument but ends up with the boss ruling.

Germany, France, Europe, and South America

In general terms, European and South American cultures sit somewhere between the American and Eastern models, with British, Scandinavian, and Dutch managers showing attitudes relatively close to the Americans, and those from Mediterranean and South American cultures showing attitudes similar to those found in the East. Brazil, for example, has a very different history and culture from South Korea, but on the dimensions covered here they seem quite similar. Both have relatively authoritarian attitudes, strong family orientations, relatively long-term perspectives, and a low tolerance for uncertainty. Brazilian culture, as revealed by the managers surveyed, is slightly more individualistic than Korean culture, but it is still relatively collectivist. Spain and Italy are more individualistic still, and much more short term in their orientation, but they are much more authoritarian and collectivist than America or Britain. Their companies tend to be family run and tightly controlled. They are also much more particularist, suspicious of universal rules or theories, and ready to make exceptions; and less analytical, preferring to see a situation as a whole and to trust their intuition.

The two largest European economies, Germany and France, also fit between the extremes, but both are also interesting exceptions. The Germans seem to share something of the Americans' universalism and dislike of power differentials. They believe in universal laws and universal theories, and in ability and achievement. They are more inclined to take a synthetic or holistic than an analytical view, however, and balance individualism against collectivism. German companies, like Japanese ones, have traditionally been conceptualized as working for the long-term benefit of society rather than for short-term profit. They are consensually managed, and they have been slower than other European companies to move towards extreme individual pay incentives for their senior managers. German managers are strong on cooperation and team participation. The Germans also tend to take a synchronic view of time and to adopt a relatively long-term orientation. (Curiously, Hofstede's surveys class them as very short term, but this, the fifth of his dimensions, was based on student rather than manager surveys, and it seems likely that German students who go abroad do so precisely to escape aspects of their own culture. Hampden-Turner and Trompenaars put them at the long-term extreme and this certainly conforms to their attitude to investment—both in companies and as a society—and their strong preference for saving over indebtedness.)

The French, uniquely, manage to be both individualist and showing a high tolerance of power differences. They also have a distinctive view of time. Hampden-Turner and Trompenaars asked their respondents to draw their images of past, present, and future as three circles, and while managers from most cultures tended to draw either the present or the future as the largest circle and the past as the smallest, the French drew theirs the other way round (see Figure 6). History matters in France. Inherited wealth counts for more than current income. French intellectualism is also distinctive, for while the French are great theorizers their theorizing tends to be both holistic and very confined to theory. They do not share the American obsession with empirical facts, and in the practical world take an extreme particularist view. Authority is highly personalized, rules are there to be circumvented by the powerful, and all relationships,

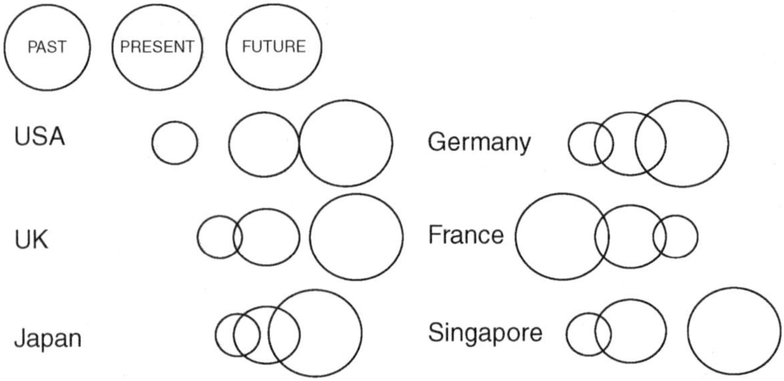

6. Sequential versus synchronic conceptions of time
Hampden-Turner and Trompenaars

whether personal or organizational, are something of a power play. French organizations typically work neither through simple autocracy, like the Chinese, nor through cooperation and consensus, like the Japanese and Germans, but through political negotiation.

Given the space available, the sketches above are inevitably little more than caricatures. Just as in the earlier chapters we described management theories and practices in terms of coexisting tendencies, so the research covered here reveals cultural tendencies, not cultural facts. Hampden-Turner and Trompenaars' questions, in particular, were framed as dilemmas in which both sides had evident value. Within any one culture, different individuals responded to them in different ways, and to describe a culture as universalizing, for example, is simply to say that the respondents exhibited a statistical tendency in favour of a universalizing conception of a situation over a particularizing one. For all their limitations, however, the sketches do give some idea of the range of attitudes to be found in managers from different cultures, and how these can be combined in a variety of ways. Given the American dominance of management theory and education, and the power and reach of American multinationals, management everywhere is nowadays marked by the American model. But even when American management ideas are adopted in other cultures, they are often tailored to the values and needs of the host culture. Personal relationships and traditional forms of authority, in particular, are a much more important part of management practice worldwide than American management dogma would suggest.

Chapter 8
Critical perspectives on management

For those involved in management, whether directly as managers themselves or as consultants or academics, it is mainly a technical and/or a personal affair. For most managers, management is basically a job. The aims and objectives of the job are usually determined by others, and the managers do the job to the best of their ability. They draw on their personal and interpersonal skills, their technical knowledge, and whatever specific management techniques have been adopted by the organization, in ways that vary across cultures, across organizations, and across individuals. Managers might sometimes get tied up in organizational politics, and they might on occasion need to make ethical judgement calls, but these generally appear to be secondary facets of the job. Being a manager is not in itself seen as carrying either political or ethical connotations. Similarly for management consultants and academics, management is just part of the job that they do, a job that in their case is overwhelmingly technical.

Few people become managers, or management consultants, or management academics, out of a sense of vocation. It is not something they do because of a burning desire to express themselves, to contribute to society or to humanity, or to take a stand on issues that matter to them. A successful manager, consultant, or professor might well be proud of her achievements, but being a manager, or working in a management-related area, is rarely in itself a source of great pride. Nor is it something to be ashamed of. It is a job, and a good and respectable job, and for many people an interesting and/or remunerative one, but at the end of the day it's just a job.

For some critics, however, looking at management from the outside, this matter-of-factness appears misleading, even deliberately so. From a critical perspective, management can seem deeply political and far from value free. For many blue-collar workers and those on the political left, managers have always been representatives of financial capital and agents of exploitation. For many financial investors, arguably the true representatives and manipulators of capital, business managers have long been cast as thieves, using shareholder capital to run businesses in their own selfish interests rather than in the 'proper' (but equally selfish) interests of shareholders. More recently, professionals in education and health services and the arts have seen managers as their ideological opponents, imposing 'managerial' values (efficiency, the profit motive) on cultural and public service institutions in which they have no place. And for 'critical management' scholars, in the world of academia, the practice of management is deeply implicated in the exercise of power and privilege.

Between capital and labour

When the term 'management' is used as a collective noun to describe the managers within an organization, it almost always carries connotations of conflict. For employees who are not themselves managers, management are typically 'them'; they are not part of 'us' and they are implicitly or explicitly conceived as hostile to 'us.' Managers themselves may not feel this division so strongly, but they are constantly reminded of it, especially in times of industrial strife, and they too distinguish a 'we', responsible for managing the organization (note the use of the nominative case—the we who act rather than the us who are acted upon), from a 'them', who have to be managed.

In theoretical terms, this conflict is normally characterized as a conflict between labour and capital. The theory derives from the writing of Karl Marx. Writing in *Capital* (1867), Marx identified productivity gains in industry both from the division of labour (as had been noted earlier by Adam Smith) and from the combination of workers with the same skills, as was by then commonplace in the large textile factories of Britain. Man, he observed, was a social animal, who could gain from cooperation, and the economies of scale associated with the factory system (in which many identical machines might be housed in one building and driven from one power source) favoured ever-growing firms. The capitalist owners of these firms paid the workers what was necessary to keep them working—essentially just what they would be able to earn on their own, without the productivity gains of the firm—and appropriated the surpluses derived from the productivity gains to themselves. In purely economic terms this was an effective engine of growth, as the surpluses generated could be reinvested in further labour and machinery to generate further surpluses. But in political terms this growth was the product of class conflict, achieved through the exploitation and oppression of the workers by the monied upper classes.

The role of managers in this Marxist account has always been ambiguous. Even the factories of Marx's time required some kind of intermediaries between the owner and the workforce, but as we noted in Chapter 3 these early managers were drawn from both the owner's family and the workforce. The latter group, responsible for supervision and discipline, were both employees and agents of capital. Then, when the new class of professional managers came on the scene around the turn of the century, they were most naturally associated neither with the capitalist class of the monied owners nor with the working class of the labourers but with the growing middle class of educated professionals and self-made businessmen.

From the perspective of the workers, and for most Marxist analysts, managers as a class have primarily been seen, despite their employee status, as agents of capital. Scientific management and its rationalizing successors were easily categorized as systems of oppression by which managers wrested control of the production process from the workers, and in the process maximized the value that could be appropriated from them for the owners' use. And while this may not have been the intention of these systems' advocates, it is pretty much how things worked out in practice—and how they often still do, in many industrial and retail contexts. Consider, for example, the way counter staff at McDonald's work to tightly scripted routines, their jobs reduced to acting as they are told, and their wages reduced accordingly.

Meanwhile, however, in the course of the 20th century, managers also came under criticism for *not* acting in the interests of capital. In the 1930s Adolph Berle and Gardiner Means identified a 'separation of ownership and control' in American corporations, as a diversification of ownership through the public sale of stocks and shares combined with a shift of management control from family owner-managers to employed professionals.

This raised two sets of problems. One was social. The family firms of the 19th century had invested heavily in their local town communities, to which they were closely bound. The profits went to the family, who lived in the community and relied on it for their workers: it was natural to invest in schools, charities, etc. In 20th-century corporations, however, a local factory would be managed by an employee. The firm's profits were not his to spend and the link with the community was broken. The other problem was, in a sense, the other side of the same coin. Since the managers of a corporation were no longer its owners, there was a conflict of interest between their brief to maximize profits for the owners and the temptation to serve their own interests: by expanding the firm so as to create more or better management jobs, for example, by indulging the labour force to create a more comfortable environment, or by taking steps to prevent takeovers.

The first of these problems was hotly debated at the time, but very quickly forgotten. The second was initially set aside as practically insolvable, but re-emerged with the advent of economic agency theory in the 1970s and has dominated debates on corporate governance ever since. In a review of corporate governance research, economists Andrei Shleifer and Robert Vishny described the core problem as being 'how investors get the managers [assumed here to be completely self-interested] to give them back their money.'

Financially, the most senior managers have done pretty well out of this obsession. The incentive pay packages designed to tie their interests to those of the shareholders have left them far richer than their predecessors. And whatever their initial sympathies, many have no doubt been co-opted to the interests of financial capital. Middle and junior managers, however, have done less well, and arguably find themselves exploited in much the same way as blue-collar workers have been in the past. As every ounce of performance is squeezed out of them, the value created is appropriated by others, and with regular redundancies and competitive job markets, both the financial rewards and the quality of life traditionally associated with management have been eroded.

Any business manager has both a responsibility to the owners or shareholders of a company for maximizing its profits and a duty of care in respect of its employees. Managers are almost inevitably stuck in the middle between capital and labour, and between the class interests associated with these. In the post-war heyday of management, which was also, and not coincidentally, the heyday of middle-class values and middle-class dominance of the political agenda, these responsibilities came with a high social status. Managers were the pillars of their local communities, respected for their integrity and for their responsibility, and generally able to take the higher ground in any political encounter. In a few countries, most notably Germany, this is still largely the case. In the last twenty years, however, a new financial class has emerged, securing a massive proportion of the wealth of both developed and developing economies and with it a dominant political position. From holding the dominant centre ground, management is now in danger of becoming the squeezed middle, despised and exploited by capital for its lack of enterprise and by labour for its lack of solidarity.

Management and professional values

This ambiguity in management's position is reflected in discussions of managerial values, both in practice and in the academic literature. Since the work of managers is primarily concerned with the management of people, we might imagine that managerial values would reflect the things that matter most to people: human feelings, moral virtues, and so on. The dominance of the rationalizing tendency in management has, however, tended to exclude such things. Indeed, for the philosopher Alasdair McIntyre, writing around 1980, this was precisely what distinguished the archetypal character of the manager:

> Managers themselves and most writers about management conceive of themselves as morally neutral characters whose skills enable them to devise the most efficient means of achieving whatever end is proposed. Whether a given manager is effective or not is on the dominant view a quite different question from that of the morality of the ends which his effectiveness serves or fails to serve.

On this view, which does indeed dominate the business schools and management consulting, and which can also be found in many areas of management practice, management is a purely technical affair. It has nothing to do with human values as commonly conceived, but operates entirely within the value structure of economic rationality and efficiency. This is what raises the hackles of teachers and nurses, who believe passionately that their schools, universities, and hospitals should be dedicated to people, not profit, and who cast their managers as traitors and turncoats. As with the relationship between management and capital, however, what is unclear is the extent to which this approach is chosen by managers and the extent to which it is imposed upon them.

One of the most penetrating analyses of the managerial condition is that conducted by sociologist Stanley Deetz in *Democracy in an Age of Corporate Colonization*—a book whose title gives little clue to its contents. According to Deetz, the modern corporation (and, we might add, the large organization more generally) is characterized by a way of thinking and behaving that he labels as managerialism and that has quite distinctive features. The most striking of these is an emphasis on means over ends, to the point at which the means become the ends. Economic efficiency takes centre stage, and all questions of purpose or values are not just neglected but actively suppressed. Moral issues, for example, cannot be openly discussed at work, and can only be resolved when converted into economic terms—when reduced, in effect, to questions of pricing. Emotional concerns, too, are out of court and, since any individual problems always raise the possibility of an intrusion of values or personal concerns, decision making is routinized as much as possible.

This picture clearly has a large element of truth. Managers, and employees generally, for example, will often speak to their loved ones at home of moral issues that worry them at work, yet feel quite unable to raise those issues within the work organization. Managerialism in this sense also clearly serves some collective or class interests of managers. The world of rational analysis and economic efficiency is the world in which they—and the teachers and consultants who live off them—are expert. The exclusion of questions of purpose, moral value, and emotional experience effectively marginalizes not only the workers, their families and communities, and other stakeholders who might be affected by the corporation, but also any owners whose interests in the firm might conflict with the instrumental interests of management. Even when the owners are themselves interested primarily in profit, the managers' claim to expertise secures for them the freedom to make any business decisions.

At the same time, however, managers are as much victims of this managerialism as they are beneficiaries from it. It is their scope for personal or moral judgement that is circumscribed, and while some might welcome this—a purely technical job can be a welcome escape from the demands of family life—many do not. As Deetz noted, managerialism also carries with it the seeds of its own demise. The more routine and technical management work becomes, the less apparent need there is, especially in a world of sophisticated information systems and decision tools, for managers. The rise of technical management was often described in terms of professionalization, but a key feature of the professions is that they are characterized by the exercise of judgement, including moral judgement, as well as by a base of scientific and technical training. The early business schools recognized this and treated management techniques as tools to be judiciously employed, but in recent decades the techniques have taken over and management has arguably become less of a profession, more of a trade.

Critical management studies

The vast majority of academic work in management is functional in orientation. Its aim is to improve management techniques and build a basis of knowledge in the applied social sciences that will help people to manage more effectively—which generally means more efficiently. Deetz's book, published in 1992, was one of the seminal works in a very different tradition of scholarship. This has sought to understand management and organizations in a way that is descriptive rather than prescriptive. It has sought in particular to describe some of the social and political forces underlying the dominant practices and discourses of management: to critically question and unpick the taken-for-granted assumptions underlying mainstream management thought and practice. Deetz himself drew on the work of two other pioneers in this field, Mats Alvesson and Hugh Willmott, whose book *Making Sense of Management: A Critical Introduction* became its core text. Building on these foundations, there is now a sizeable body of research going under the name of 'critical management studies'.

The word 'critical' here referred initially to a tradition of Marxist critique and to the Marxist-influenced 'critical theory' of a particular school of sociology known as the Frankfurt School. Critical management studies today encompass a wide range of theoretical perspectives, drawn from both social theory and psychoanalysis, but the dominant influences, in Deetz's work and since, are those of Marxist critique, the critical theory of Jürgen Habermas (from the Frankfurt School) and the poststructuralism of the French social theorist Michel Foucault. From Marxist critique and critical theory, critical management studies inherit a concern with how systems of exploitation are disguised so as to appear legitimate and operate with the consent of those exploited. What appear on the face of it to be natural, necessary, and self-evident features of a social order are social and political constructions, which naturalize and universalize particular class interests.

A particular focus is on Habermas's distinction (drawn from Weber) between instrumental means-oriented rationality and practical ends-oriented rationality. In the modern corporation, as in modern society more generally, it is argued, means-oriented reasoning lays claim to the whole space of reason, excluding morality, judgement, and the give and take of reasonable dialogue. In management, even the human factors of dialogue and consensus and the socializing tendencies discussed in Chapter 5 become mere means to rational control, and to the extension of that control to cover employees' feelings as well as their actions.

More generally, critical management scholars have pointed to the ways in which seemingly objective criteria such as those of rationality and efficiency are to some extent socially and politically determined. What counts as rationality, for example, can be contested. Weberian rational authority privileges particular interests just as much as the traditional authority it has replaced. Rationalizing approaches to management privilege the interests of an educated class over those of an experienced workforce and, historically at least, those of men over women. Notions of efficiency and economic rationality privilege those whose interests are financial and short term over those whose interests are long term and hard to calculate.

The second stream of critical management studies comes from Foucault and in particular from his conception of power–knowledge relations. For Foucault, the social world is the product of numerous competing and interacting discourses: systems of thought and expression (physical as well as linguistic) that shape our views of ourselves and the world around us. The product of ever-changing forces, these views are fragmented and unstable, and the same applies to power relationships. Whereas critical theorists see the established order as the product of dominant political interests, Foucauldians see power as inherent in the discursive structures themselves, in the words and expressions we choose, the forms of knowledge we admit, the ways we conceive of relationships, and the routines we adopt to order and make sense of our lives.

These routines can be imposed, and a particular form of power arises when disciplinary practices replace overtly coercive relationships—when workers become ruled by the production line, for example, or managers by the principles of financialization, by audit cultures, or by specific management techniques. But in Foucault's world there is always scope for resistance, all relationships are situationally specific, and it makes little sense to talk of the holder or of the exercise of power. From this perspective the rationalizing ideology of management is neither something that is imposed by one group on another nor something that is objectively right and appropriate, but something that has arisen from particular social-historical circumstances and is at the same time both a resource and a constraint on managerial action.

Critical management scholars have tended to focus more on uncovering oppression than on remedying it. Indeed, there is a curious division of labour in academic management studies, as mainstream scholars, focused on improving management techniques, are reluctant to step back and view management as a phenomenon to be understood, while critical management scholars have been equally reluctant either to step outside their particular theoretical base and seek an understanding of management more broadly or to engage with managers and put their findings to productive use. Habermas's own primary concern was emancipatory: to recover a wider conception of reasoning than has come to dominate contemporary life and give voice, through open dialogue, to those whose interests have been overridden. Foucault too was concerned to empower minorities and open up the political space. Applied to management, however, such aims are still largely a project for the future.

Chapter 9
Management as sense-making

One of my aims in this book has been to make sense of management for readers who may have little knowledge or experience of it. The way we make sense of things is by fitting them into a narrative or story. Here I have mainly told a story of the generation of management theory and the development of management practice, in which managers and management scholars take centre stage. I have also told something of two other stories: one in which managers are the villains rather than the heroes, and one in which they are mere bit-part players, taking roles shaped for them by social, cultural, and economic forces beyond their control. Many teachers and academics insist on sticking to just one of these stories. In much the same way, politicians insist upon a particular story about the state of the country and the problems it faces. But the world is rarely that simple. Each story highlights something important, but at the cost of hiding or denying something equally important. Whatever our preferred way of making sense of things, there is always another way in which we could have made sense of them.

As well as being characters in other people's stories, managers are also storytellers themselves. As we saw in Chapter 2, an important part of what managers do is make sense of their environments, both for themselves and especially for the people working in the units they manage. Sometimes this entails little more than passing on, or suitably adapting, the stories they have been told by their bosses: this is where the organization has come from, this is where it's going, why, and how. But sometimes, and especially when acting as leaders, managers also need to be their own sense-makers.

The importance of sense-making

Organization scholars use the term 'sense-making' in a specific and quite complex way. Karl Weick, in his definitive survey, takes sixty pages to define it and another hundred to refine that definition. Very roughly, though, it refers to the ongoing process by which we individually and collectively rewrite what has happened in the past to make sense of the the present, fitting past and present together in plausible stories, based round acceptable versions (acceptable, that is, both to ourselves and to others) of the kind of people we are.

We noted earlier Herbert Simon's observation that we can never hope to fully analyse the world around us, or indeed get anywhere near such an analysis, and so satisfice or settle for a 'good-enough' analysis. The idea of sense-making starts from the observation that the world is even more complex than that suggests. Both the social and the psychological worlds in which we live are so complex and so rich as to be effectively malleable and open to a wide range of interpretations. As soon as we get beyond the simplest of facts or events, extracting an objective view, or getting the facts straight, is well-nigh impossible. We have to have some version of events, however, some frame of reference within which to act, or we would be completely impotent. And we need a version of events that enables us to live with ourselves—that confers an identity that is both stable and acceptable. Collectively, we also need a version of events that allows us to make sense of each other's words and actions and so interact socially. These stories need a certain factual consistency, but since we never have a perfect knowledge of the facts, plausibility is more important than accuracy.

An important characteristic of sense-making is that it is retrospective. At a simple level we can only pay attention to something once it has happened, and we can't really understand even what we're doing ourselves until after we've done it. Even if we have a prior reason for doing something, when we look back on it we can always question that reason or find other reasons. Actions also commit us to certain stories, as we retrospectively justify them and make them intelligible to ourselves and others. The sociologist Harold Garfinkel observed that trial juries do not agree on what facts are important and then reach a verdict, but reach a verdict first and then agree on which facts are important.

Juries are faced with a particular situation as they are typically forced to choose between two more or less plausible stories, both of which somehow fit the facts. They have little option but to choose a story and fit the facts to it. But their situation is not so different from that of everyday life. Each of us has developed a story of the world and of our place in it with which we are reasonably comfortable. Most of the time we fit new events, new experiences, and new social interactions into that story, perhaps modifying it in minor ways, but without seriously questioning it. Sometimes an event occurs that is so dissonant with our sense of things that we have to reconsider and make sense anew. But we don't normally do this by going back to the facts and analysing them afresh. Rather we look for alternative stories that might give a better and more comfortable fit, and to which the known facts can be accommodated.

Another characteristic of sense-making is its dependence on cultural assumptions and beliefs. We saw in the last chapter how some critical management scholars see management, management practices, and management knowledge as ideological constructs. This is in itself a way of making sense of things that throws light on some aspects while inevitably hiding others. But the recognition that any sense-making goes beyond mere facts and relies as well on ideology, culture, emotion, and so on is not the sole preserve of critics. Facts only become meaningful when held together by theories, and in trying to make meaningful sense of everyday life the connecting theories we draw on—the only ones we can draw on—are those provided by our beliefs, values, and feelings.

Finally, sense-making is not just a reflective process but an active one. In acting according to our sense of the world, we not only commit ourselves to that sense but also impose it on others. Our words and actions carry expectations of responses, and it is the pattern of action and response, expectation and confirmation, that maintains the stability of the socially constructed world in which we live.

Sense-making in organizations

Sense-making takes place in all aspects of life, but it is especially apparent in organizations. In everyday social life we are not continuously called on to give sense-making accounts. Our lives are dominated by relationships of kinship and friendship that develop relatively slowly, and in which meaning is collectively shared and rarely challenged. Only when something quite dramatic happens, socially, politically, or emotionally, does sense-making come to the foreground. Organizations are more fluid communities. People come and go, and the newcomers, generally complete strangers, have to be instantly accommodated. This means that the collective stories that hold organizations together have to be more explicit, and more explicitly constructed, than those of families or communities. And just as organizations are more artificial than other social groupings, so their stories are more obviously artifices.

Organizational environments tend to impinge more directly, through competitive pressures, for example, or financial results, and to change more rapidly. This puts pressures on sense-making because on the one hand there is a greater pressure for the stories to change and adapt to new circumstances, while on the other hand the fact that the stories are more explicit makes them much harder to change. In everyday life we tend to slide gradually from one story to another, first quietly omitting elements that no longer fit, then gradually introducing new elements that do. That depends, however, on being able to temporarily fudge or avoid things, which is much harder with the more explicit stories of organizations.

At the individual level, people are both more accountable and more vulnerable as employees in an organization than they are as members of a community. Impacted by promotions or non-promotions, performance measures, and the threat of redundancy, personal identities are much more fragile. And whereas in private life you can keep yourself to yourself and keep quiet while your sense of things develops, a manager has no such freedom. She always has to be prepared to give an account of herself to others—an account that makes sense in terms of a wider story.

As well as imposing a requirement to speak, organizations also impose a particular requirement to act. In social life, when things change, we can often take time to make sense of the change. We can be inactive for a while, sitting on the fence, not committing ourselves in either words or actions until we have developed a story with which we are comfortable. People in work organizations, however, are not paid to be inactive. They are paid, and managers in particular are paid, to act. They are also paid to keep up with fast-changing environments. Especially in a competitive environment, a good understanding of yesterday's problems is unlikely to impress. What is called for is an understanding of today's problems, however imperfect that might be. In an organizational setting, sense-making is consequently more likely to proceed from action. You act and then, having acted, construct a story to justify the action and make sense of it for those around you.

Managers as sense-makers

The sense-making perspective gives us interesting insights to several aspects of management. Here we shall look very briefly at three of them: decision making, leadership, and the management of change.

A common perception of managerial work is that managers solve problems and make decisions or choices. Before solving a problem, however, you first have to formulate it, and that is arguably the real management challenge. It is only by making sense of a situation that a manager can formulate a problem in a way that is meaningful, and once a problem is formulated in a particular way the solution tends to fall out. By the time you reach the point of making a decision, the decision has effectively been made. If we take a simple example, in which a manager chooses between investing in one product or another, this may look, when she presents it, like a simple calculation. But what matters is what she chooses to measure: what criteria are important, how they are weighted, and so on. And that in turn depends on the way the company makes sense of the world (its strategy and values) and the particular sense she makes when applying that company story to the situation she faces.

To take another example, a change in the environment may often be depicted either as a threat or as an opportunity. Depending on how it is presented, how it is made sense of, people will likely respond quite differently, even if the data they are faced with are just the same. A manager asked to respond to a threat will reach different decisions from one asked to respond to an opportunity.

Decisions don't always fall out in this way. Sometimes managers need to take decisions, to act decisively, without any story to guide them. In this case the action effectively writes the story—as when faced with two life paths and no clear rationale for deciding between them we commit ourselves one way or the other and in doing so 'decide' on who we are. In a management situation, however, where the decision is not just personal, such an action needs a story behind it. Weick recounts a tale, first told by the physiologist Albert Szent-Gyorti, of a detachment of soldiers lost in an unexpected and prolonged snow storm in the Alps. After three days they had been given up for lost, but they returned safely after one of them found a map in his pocket which they used to get their bearings and find their way home. When their captain asked to see it, though, he saw that it was a map of the Pyrenees, not the Alps. The idea here is that it didn't matter that it was the wrong map. It was a map, and a plausible map, and it enabled the men to act rather than giving up in despair.

To illustrate what happens when there is no map, Weick offers an interpretation of some famous experiments conducted by Stanley Milgram in the 1950s. Here volunteers were asked to take part in a 'learning' experiment in which subjects were given increasingly severe electric shocks, administered by the volunteers, if they failed to give correct responses to the investigator. In fact the experiments were faked and the subjects receiving the shocks were not more volunteers, as those administering the shocks were told, but actors. What Milgram found was that when calmly instructed by the investigator, volunteers were prepared to increase the shocks delivered to lethal levels, despite clear evidence of the suffering of the subjects. This is generally taken as an illustration of unquestioning obedience in the presence of authority, but it can also be seen as an illustration of what happens when people have no way of making sense of a situation. With no sense-making story on which to rely, they lose their ability to act and simply do as they are told.

Organizations need people to take action, and if people are to take action they need sense-making frameworks. You can give someone all sorts of information but unless you also give them a story or framework to make sense of it, they will be stymied. An important part of a manager's job is to make sure people have such a framework, and sometimes, when none is available, she may have to make it up. That is when management becomes leadership. Just as we are often told that any decision is better than no decision, so any map or framework is better than no map or framework, and a major part of leadership is sense-giving.

As we noted in Chapter 2, management as leadership is particularly important in times of change, and in times of change organizational sense-making becomes especially challenging. We noted above that organizational stories are particularly hard to adapt. Once a particular 'sense' of things becomes established and shared there is always a tendency, in any context, for any new evidence or new events to be interpreted according to the established story. This tendency is exacerbated in organizations by the explicit nature of the story and the frequency with which it needs to be retold. It is also exacerbated by the effects of 'groupthink', which we introduced in Chapter 4. In business organizations, where the ways in which things are understood are typically ways that have been competitively successful in the past, the competitive environment can be both an impetus for change and at the same time a constraint on change taking place. New events that might signal to an outsider the need for change are either ignored or interpreted, and if necessary reinterpreted, as confirming the existing view of things—or at most some modest adjustment to that view. It takes a major shock, a severe dissonance, to force a change of view.

Organizations need to change to adapt to their changing environments, but this is a real challenge for managers. In businesses the chief executive is often a leading author of the prevailing view of things and personally identified with the current strategy. The senior managers have all bought in to a shared sense of things. So much is invested in continually repeating a consistent story—for employees and, in larger companies, for shareholders and the press—that challenging this story is almost impossible. Similarly at middle management level, the need to make sense of things in terms of the approved corporate story limits the ability to make new sense of them in response to outside influences. The need to educate new staff into the thinking of the organization limits the ability to make productive use of their fresh, outsiders' eyes.

Large companies eventually change their stories when their financial results become unsustainable or press comment becomes unbearable. They then typically change their chief executives and look to newcomers, who have the benefit of a few months' grace to sort out their sense-making, to provide new stories. If sold aggressively enough down the line, these may replace the old ones. This process is difficult enough, but it relies heavily on external factors to undermine the established ways of looking at things. When organizations are less exposed to external critiques or market forces, change is even harder. Here managers have not only to create new stories, but also to find effective ways of challenging the old ones, or else modifying and reinterpreting them, artificially recreating, on accelerated timescales, the processes that occur naturally in everyday life.

Chapter 10
Management and morality

From Chapter 8, we have a picture of management as amoral and of modern organizations as settings from which all questions of morality are excluded. The strong individualizing tendencies of contemporary management, described in Chapter 6, point in the same direction. For critics of management the absence of moral considerations is a fault, but for the advocates of contemporary approaches to management it is both an empirical fact of life and an economic virtue. On this view of the world, this way of making sense of things, people are naturally self-interested and the way in which societies most effectively generate wealth is by not interfering with that self-interest. If managers were to worry about morals this would simply make their organizations less efficient.

From Chapter 2, on the other hand, we have a picture of management practice as an inherently social activity that would seem to have an essential moral dimension. This picture is reinforced by our discussion of the socializing tendencies in management in Chapter 5 and by the metaphor with which we began the book, in which the work of a manager was likened to the 'coping' or 'managing' of a harassed parent under domestic pressures. And if managers are indeed authors and storytellers, as suggested in Chapter 9, that too would seem to imply some moral responsibilities. Returning to the domestic analogy, the stories we tell to our children as we make sense of the world for them are the foundations of their moral education. It would be strange if the stories told by managers were entirely free of ethical or moral content.

While this tension takes different forms in different cultural and organization settings, it has long been endemic to management. The traditional bureaucratic corporation was in many ways a traditional moral community, modelled on the societies in which it operated. Hierarchical structure was accompanied by an ethic of duty, in which each member served the interests of the whole by conscientiously playing his or her particular part. Critics argue that this was morally disabling. The bureaucracy established rules for everything and the manager, acting as an office holder rather than as an individual person, could not do other than follow those rules, even if the purposes of the organization were quite unethical. Sociologist Zygmunt Bauman pointed to the bureaucratic organization that made possible the Holocaust as an example of the dehumanizing effects of bureaucratic technology.

While there was always a risk that a bureaucracy could be turned to immoral ends by unscrupulous leaders, however, that was essentially a pathological state. It relied on the exercise of power, through charisma and coercion, in ways that were completely alien to the bureaucratic ideal. In a properly functioning bureaucracy the leader or chief executive is as much a servant of the community as anyone else. The duty of the employee to the organization is accompanied by a reciprocal duty on those in charge, to look after employees and respect their private lives. And both the impartiality expected of the managers and the rules they are expected to follow have a moral basis. Rather than excluding morality, it could be said that the bureaucracy imposes a particularly strict form of morality, in which moral duties allow of no exceptions.

Other forms of hierarchy achieve similar effects in ways appropriate to their own cultures. The hierarchies of Chinese companies, for example, are far more personal, relying as much on traditional as on rational authority. The morality they impose is one of personal and familial loyalty, and this reflects the dominant morality of Chinese society. Japanese companies impose a morality of consensus that appears less authoritarian. In recognizing everybody's viewpoint, and in accepting the long-term obligations that follow from employment, they look more like ideal moral communities. But the morality still serves to silence critics: the consensus, once reached, is binding. And while the Japanese corporation may protect the narrow interests of the managers, it cares little for their families.

Even post-bureaucratic organizations, with their much lesser reliance on hierarchy, impose a kind of morality. But in this case the tension is sharper as the morality imposed is one of self-interest. Of course, you cannot impose self-interest in the same way as you can impose obedience to rules or bosses. The manager in post-bureaucracy is still free to act as a traditionally moral agent, taking care of the interests of others. But she is also 'free' to lose her job if she doesn't perform to the expected standards. Moreover, such is the relentless pressure to perform that it can be difficult to find the space for moral reflection. If we look at the most prominent failures of business ethics in recent years—the behaviours that brought down Enron and Arthur Andersen, for example, or WorldCom or Lehman Brothers—it is clear that many people knew or felt that something wrong was going on. They were just too preoccupied with financial performance, their own and their company's, to stop and think about it.

Within the financial sector, which is where these and many other recent ethical scandals occurred, the values of financial self-interest are aggressively promoted. Companies in this sector often seem to operate in a world of their own in which everything is treated like a high-stakes computer game, completely disconnected from the ordinary world of people and things, and in which normal moral concerns really are seen as irrelevant. Like computer games themselves, moreover, financial trading is compulsive and all-consuming, leaving people with neither the time nor the energy to reflect on anything beyond the immediate demands of the job. In companies in other sectors, and in other kinds of organization, which interact more directly with everyday life, both the bias towards self-interest and the pressures of work are probably less extreme.

In this more general context it can be argued that much of the technical side of management can now be done using computerized systems, and that what is left for human managers is precisely the task of moral leadership. The central functions of managers, on this view, are to generate a common interest out of people's individual interests, to provide stories that can engage people's full potentials, and not just their technical skills, and to use their judgement to deal with the exceptions arising from particular personal circumstances.

Let us go back to the practice of management and to the kinds of situation with which managers are faced on a day-to-day basis. For example, a high-flying employee finds herself, through no fault of her own, needing to adapt her work hours to make time for her small child. She's prepared to put in the fifty-plus hours a week of the rest of her team, but she needs a few hours a day of protected time, away from emails, texts, and telephone calls. Her team colleagues are initially sympathetic but after a few weeks get impatient and angry. The time she needs at home is precisely the time when they find it most convenient to meet, and the manager has to sort things out. Or take another example. A manager is trying to put together a team for an important assignment and has to choose between an experienced employee who will perform satisfactorily or a younger one who may do brilliantly, may do badly, but is ready to be tested and needs the learning experience.

There are no technical answers to this kind of dilemma. A manager has to judge the situation based on the specific circumstances, the individuals involved, the dynamics of the work group, and so on. And how the decision is implemented—the story told, the sense made—is just as important as the choice made. Moreover, a big part of that story is moral. If a manager is to be effective, her choices have to be seen to be fair, to be respectful and caring of the people affected, to be dutiful in respect of the organization, and so on.

When we come back to the everyday practice of management, we come back to a situation not unlike that of managing domestic crises. The family situation is different in various ways. Feelings and emotions are more to the fore and expressing them is more acceptable, even expected. The social norms governing everyday life (the behaviours other people expect of us) are different from those governing life at work. We are far more aware in a domestic context that while acting in our short-term interest may have its attractions—and may even, these days, be socially acceptable—it won't necessarily make us happy in the long term. We cannot change families or even communities as easily as we can change jobs, and this affects both our own behaviour and our expectations of how others may behave. But managers are still people, and though the stories they tell about themselves might differ in some respects, they are basically the same people in the office as they are at home. They still have feelings, and they are still capable of responding to the feelings of others and of making reasonable practical judgements. The time pressures of managerial work may be demanding, but those of family life are not exactly undemanding, especially for working mothers, those with responsibilities for disabled relatives, or those who take on heavy responsibilities in their communities.

In both cases, ethical behaviour rests on a determination to engage with ethical issues. If people are only interested in themselves, whether actively harming others to get their own way or just neglecting others in favour of their own comfort, they will not make good managers or good parents, whether under pressure or not.

Moreover, while the ethical situations that arise in a management context are often peculiar to that context, they don't pose particular technical difficulties. There are issues in the ethics of science and medicine where the development of new technologies (genetic engineering would be an example, or the technologies to keep people alive when they would otherwise die) poses questions that haven't arisen before, and that bring with them deep philosophical challenges. But the situations faced by managers are rarely like that. They may require some technical knowledge of the context—of accounting methods or marketing or engineering and so on—but faced with an issue that is clearly ethical, most managers can tell right from wrong quite as easily as they can in everyday life. The challenge is not so much in resolving the issue once it is acknowledged as in facing up to it in the first place.

This is why the pressures of managerial work are so important. Relatively few managers are outright unethical (though a few, it has to be said, are, and they can do enormous damage). Most managers, like most people generally, are well intentioned. But most managers, again like most people, are also weak, in that faced with a difficult situation they will tend to look for an easy way out. The pressures of managerial work make it hard to find time and brain space for moral reflection, but they also make it easy *not* to find that time and space, easy to put difficult issues aside. The stronger those pressures, the stronger the manager has to be to overcome them, but this is more a question of willpower than of time and energy. And while there are situations in which ethical behaviour would require the strength of a saint, in most cases it requires no more than a normal moral awareness and the discipline to make a little time in the day for reflection (a few minutes may be enough); to listen to what people mean as well as what they say; and to be alert and attentive to their needs. All this can be hard to do, and harder still to sustain, but it is not impossibly hard, and at the end of the day it is what makes management—rather like bringing up a family—so rewarding and worthwhile.

References and further reading

Chapter 1: Management and managing

The observations that management is about coping as much as control, and that the challenges of managerial work are very similar to those of managing a family, are no doubt commonplace, but they are especially characteristic of Charles Handy. See for example:

Handy, Charles, 1978/2009, *Gods of Management: The Changing World of Organizations*. Souvenir Press.

The other key source for the view presented here is the work of Herbert Simon. See in particular his classic work, originally published in the 1940s:

Simon, Herbert A., 1997, *Administrative Behaviour: A Study of Decision Making Processes in Administrative Organizations*. 4th edition. Free Press.

I have discussed the assumptions underlying economic agency theory and their possible alternatives in:

Hendry, John, 2002, 'The principal's other problems: honest incompetence and management contracts', *Academy of Management Review*, 27(1): 98–113.

Chapter 2: The work of the manager

The best recent survey of managerial work, and the one on which this chapter draws most heavily, is:

Mintzberg, Henry, 2009, *Managing*. FT Prentice Hall.

A valuable collection of papers on and around the subject is:

Tengblad, Stefan, 2012, *The Work of Managers: Towards a Practice Theory of Management*. Oxford University Press.

The major studies that best capture the quality of managerial work are those of new managers, especially:

Hill, Linda A., 2003, *Becoming a Manager: How New Managers Master the Challenges of Leadership*. Harvard Business School Press.

Watson, Tony and Harris, Pauline, 1997, *The Emergent Manager*. Sage.

Other classic studies that are still well worth reading include:

Sayles, Len R., 1979, *Leadership: What Effective Managers Really Do... and How They Really Do It*. McGraw-Hill.

Stewart, Rosemary, 1982, *Choices for the Manager*. Prentice Hall.

Kotter, John P., 1982, *The General Managers*. Free Press. For highlights see Kotter, 1982, 'What effective managers really do', *Harvard Business Review*, 60(6): 156–62.

Watson, Tony, 1994/2001, *In Search of Management*. Routledge.

A recent study focusing on the experience of middle managers in the wake of organizational restructuring is:

Hassard, John, McCann, Leo and Morris, Jonathan, 2009, *Managing in the Modern Corporation: The Intensification of Managerial Work in the USA, UK and Japan*. Cambridge University Press.

Also referred to in the text is:

Tengblad, Stefan, 2006, 'Is there a "New Managerial Work"? A comparison with Henry Mintzberg's classic study 30 years later', *Journal of Management Studies*, 43(7): 1437–62.

For an introduction to leadership see:

Grint, Keith, 2010, *Leadership: A Very Short Introduction*. Oxford University Press.

The studies of leadership referred to in the text, still worth reading despite their age, are:

Bennis, Warren, 1990, *Why Leaders Can't Lead: The Unconscious Conspiracy Continues*. Jossey Bass. Quotation from p. 18.

Kotter, John P., 1990, *A Force for Change: How Leadership Differs from Management*. Free Press. For highlights see Kotter, 1990, 'What leaders really do', *Harvard Business Review*, 68(3): 103–11.

Zaleznik, Abraham, 1977, 'Managers and Leaders: are they different?', *Harvard Business Review*, 55(3): 67–78, reprinted 2004 in 82(1): 74–81.

Chapter 3: Management and authority

Weber's accounts of authority and bureaucracy can be found in:

Weber, Max, 1947, *The Theory of Social and Economic Organization*. Edited with an introduction by Talcott Parsons. Free Press.

Weber, Max, 1978, *Economy and Society*. University of California Press.

Both are based on the original (1922) German publication, *Wirtschaft und Gesellschaft*, the 1947 translation being restricted to Part 1 of this work. The quotations are taken from the 1947 edition, pages 337 ('superior to any other form...') and 329 ('The idea that...'). An extract of the key passage is reprinted on pp. 3–15 of:

Pugh, Derek, ed., 2008, *Organization Theory: Selected Classical Readings*. 5th edition. Penguin.

Although Fayol's work is very widely cited, it is rarely read now, but there is a substantial extract in the Pugh volume just cited, pp. 253–74. The book itself is available as:

Fayol, Henri, 1984, *General and Industrial Management*. IEEE.

For a short history of management in terms of competing rational and normative tendencies see:

Barley, Stephen R. and Kunda, Gideon, 1991, 'Design and devotion: surges of rational and normative ideologies of control in managerial discourse', *Administrative Science Quarterly*, 37(3): 363–99.

For the early history of management see:

Bendix, Reinhard, 2001 (original edition 1956), *Work and Authority in Industry: Managerial Ideologies in the Course of Industrialization*. Transaction.

Chandler, Alfred D., Jr., 1977, *The Visible Hand: The Managerial Revolution in American Business*. Harvard University Press.

Nelson, Daniel, 1996, *Managers and Workers: Origins of the New Factory System in the United States, 1880–1920*. 2nd edition. University of Wisconsin Press.

Wren, Daniel A. and Bedeian, Arthur G., 2009, *The Evolution of Management Thought*. 6th edition. Wiley.

Other works referred to in the text are:

Faulks, Sebastian, 1993, *Birdsong*. Hutchinson.

Tönnies, Ferdinand, 2001 (original German edition 1887), *Community and Civil Society*. Cambridge University Press.

Chapter 4: Rationalizing management

The work of Fayol and some general histories are referenced under Chapter 3. The other key works referred to in this chapter are, in order of reference:

Taylor, Frederick W., 1911, *The Principles of Scientific Management*. Harper.

Drucker, Peter F., 1954, *The Practice of Management*. Harper & Row.

Many of Drucker's contributions are included in his 2011 volume, *The Essential Drucker*. Routledge. The quotation is from p. 90 of this volume.

Odiorne, George S., 1965, *Management by Objectives: A System of Managerial Leadership*. Pitman.

Packard, David, 2006, *The HP Way: How Bill Hewlett and I Built our Company*. Harper Business.

Ansoff, H. Igor, 1958, 'Strategies for diversification', *Harvard Business Review*, 36 (September–October): 113–24.

Ansoff, H. Igor, 1965/1988, *Corporate Strategy*. Penguin.

Porter, Michael E., 1980, *Competitive Strategy: Techniques for Analyzing Industries and Competitors*. Free Press.

Porter, Michael E., 1985, *Competitive Advantage: Creating and Sustaining Superior Performance*. Free Press.

Prahalad, C. K. and Hamel, Gary, 1990, 'The core competence of the corporation', *Harvard Business Review,* 68(3): 79–91.
Lindblom, Charles E., 1969, 'The science of muddling through', *Public Administration,* 19(1): 79–88. This is reprinted in full in Pugh, *Organization Theory* (see above under Chapter 4), 278–95.
Cohen, Michael D., March, James G. and Olsen, Johan P., 1972, 'A garbage can model of organizational choice', *Administrative Science Quarterly,* 17(1): 1–25, quote from p. 1. See also March, James G., 1988, *Decisions and Organizations.* Blackwell.
Janis, Irving L., 1972, *Victims of Groupthink.* Houghton Mifflin.
Janis, Irving L. 1989, *Crucial Decisions: Leadership in Policymaking and Crisis Management.* Free Press.
Kahneman Daniel, Slovic, Paul and Tversky, Amos, 1982, *Judgement under Uncertainty: Heuristics and Biases.* Cambridge University Press.
Kahneman, Daniel and Tversky, Amos, 1979, 'Prospect theory: An analysis of decisions under risk', *Econometrica,* 47 (2): 263–91.
Kahneman, Daniel, 2011, *Thinking, Fast and Slow.* Allen Lane.
Chandler, Alfred D., Jr., 1962, *Strategy and Structure.* MIT Press.
Burns, Tom and Stalker, G. M., 1961, *The Management of Innovation.* Tavistock Institute.
Lawrence, Paul R. and Lorsch, Jay W., 1967, *Organization and Environment.* Harvard University Press.
Vroom, Victor H., 1974, 'A new look at managerial decision making', *Organizational Dynamics,* 5(1): 66–80. Excerpted in Pugh, *Organization Theory* (see above under Chapter 4), 309–28.
Fiedler, Fred E., 1967, *A Theory of Leadership Effectiveness.* McGraw-Hill.
Mintzberg, Henry, 1983, *Structure in Fives: Designing Effective Organizations.* Prentice-Hall. Much of this material is also covered in his 1989 volume, *Mintzberg on Management.* Free Press.
Hammer, Michael, 1990, 'Reengineeering work: don't automate, obliterate', *Harvard Business Review,* 68(4): 104–12. A fuller account is in Hammer, Michael and Champy, James A., 1993, *Reengineering the Corporation: A Manifesto for Business Revolution.* Harper Business.
Davenport, Thomas, 1993, *Process Innovation: Reengineering Work Through Information Technology.* Harvard Business School Press.
The various strategic management models can be found in any business strategy textbook, the most rigorous and the most accessible being, respectively:
Grant, Robert M., 2009, *Competitive Strategy Analysis.* 7th edition.

Johnson, Gerry, Whittington, Richard and Scholes, Kevan, 2010, *Exploring Strategy*. FT Prentice Hall.

The most readable and thought-provoking account of decision making in the context of various theories then current remains:

Alisson, Graham T., 1971, *Essence of Decision: Explaining the Cuban Missile Crisis*. Longman.

The origins of SWOT analysis (Figure 2(a)) are unclear. It began appearing in textbooks in the 1970s, but with various attributions. The other visualizations in Figures 2–5 are based on the following accounts:

Figure 2(b): Ansoff, 'Strategies for diversification'.
Figure 2(c): Boston Consulting Group, 1970, 'The product portfolio' at www.bcg.com/documents/file13255.pdf.
Figure 3(a), (b): Porter, *Competitive Strategy*, chapters 1 and 2.
Figure 3(c): Porter, *Competitive Advantage*.
Figure 4: Prahalad and Hamel, 'The core competence of the corporation'.
Figure 5: Mintzberg, *Mintzberg on Management*, chapter 6.

Chapter 5: Socializing management

For the history of betterment and paternalism see:

Brandes, Stuart D., 1970, *American Welfare Capitalism: 1880–1940*. Chicago University Press.
Tone, Andrea, 1997, *The Business of Benevolence*. Cornell University Press.

An entertaining and thought-provoking exploration of some of the thinking associated with the expansion of these programmes in the 20th century can be found in a history of public relations:

Marchand, Roland, 2001, *Creating the Corporate Soul*. University of California Press.

For general histories of the management ideas discussed here, see the article by Barley and Kunda and the book by Wren and Bedeian cited for Chapter 3. The key works referred to in this chapter are, in order of reference:

McGregor, Douglas M., 1960, *The Human Side of Enterprise.* McGraw-Hill.
Mayo, Elton, 1933, *The Human Problems of an Industrial Civilization.* Macmillan.
Roethlisberger, Fritz J. and Dickson, William J., 1939, *Management and the Worker.* Harvard University Press.
Barnard, Chester, 1938, *The Functions of the Executive.* Harvard University Press.
Likert, Rensis, 1961, *New Patterns of Management.* McGraw-Hill.
Maslow, Abraham, 1954, *Motivation and Personality.* Harper.
Herzberg, Frederick, 1966, *Work and the Nature of Man.* World Publishing.
Trist, Eric L. et al., 1990–97, *The Social Engagement of Social Science: A Tavistock Anthology.* University of Pennsylvania Press.
Lewin, Kurt, 1951, *Field Theory in Social Science.* Harper and Row.
Rogers, Carl, 1961, *On Becoming a Person: A Therapist's View of Psychotherapy.* Houghton Mifflin.
Pascale, Richard T. and Athos, Anthony G., 1981, *The Art of Japanese Management: Applications for American Executives.* Simon and Schuster.
Ouchi, William G., 1981, *Theory Z: How American Business can Meet the Japanese Challenge.* Addison-Wesley.
Deal, Terrence E. and Kennedy, Allan A., 1982, *Corporate Cultures.* Addison-Wesley.
Peters, Thomas J. and Waterman, Robert H., 1982, *In Search of Excellence.* Harper and Row.
Kanter, Rosabeth Moss, 1983, *The Change Masters: Innovation and Entrepreneurship in the American Corporation.* Simon and Schuster.

Academic works on organizational culture include:

Schein, Edgar, 1985, *Organizational Culture and Leadership.* Jossey-Bass.
Barney, Jay B., 1986, 'Organizational culture: can it be a source of sustainable competitive advantage?', *Academy of Management Review,* 11(3): 656–65.
Pondy, Louis R., Frost, Peter J., Morgan, Gareth and Dandridge, Thomas C., 1983, *Organizational Symbolism.* JAI Press.

On the difficulties facing attempts at culture change see:

Hendry, John and Hope, Veronica, 1994, 'Cultural change and competitive performance', *European Management Journal,* 12(4): 401–6.

Johnson, Gerry, 1992, 'Managing strategic change: strategy, culture and action', *Long Range Planning*, 25(1): 28–36.

Pettigrew, Andrew M. and Whipp, Richard, 1991, *Managing Change for Competitive Success*. Blackwell.

For a critical perspective on the developments discussed in this chapter, see:

Boltanski, Luc and Chiapello, Eve, 2007, *The New Spirit of Capitalism*. Verso.

Chapter 6: Individualizing management

I have explored the themes of this chapter in much more detail in:

Hendry, John, 2004, *Between Enterprise and Ethics: Business and Management in a Bimoral Society*. Oxford University Press.

The two classic sociological studies referred to are:

Dalton, Melville, 1959, *Men Who Manage: Fusions of Feeling and Theory in Administration*. Wiley.

Jackall, Robert, 1988, *Moral Mazes: The World of Corporate Managers*. Oxford University Press.

A third such study, which captures the relationship between the traditional American corporation, its managers, and their families, is:

Kanter, Rosabeth Moss, 1977/1993, *Men and Women of the Corporation*. Basic Books.

Amongst the most insightful and at the same time accessible accounts of the social and psychological changes accompanying the rise of enterprise culture are:

Bellah, Robert N., et al., 1985/1996, *Habits of the Heart: Individualism and Commitment in American Life*. University of California Press.

Sennett, Richard, 1998, *The Corrosion of Character: The Personal Consequences of Work in the New Capitalism*. Norton.

The nearest thing to a manifesto for enterprise itself in a management context is:

Gilder, George, 1984/1986, *The Spirit Of Enterprise*. Simon and Schuster/Penguin.

On the audit culture and the failure of financial audit, see, respectively:

Power, Michael, 1999, *The Audit Society: Rituals of Verification*. Oxford University Press.
Hendry, John, 2013, *Ethics and Finance: An Introduction*. Cambridge University Press.

Chapter 7: Management across cultures

The key sources for this chapter are:

Hampden-Turner, Charles and Trompenaars, Alfons, 1993, *The Seven Cultures of Capitalism*. Doubleday.
Hampden-Turner, Charles and Trompenaars, Alfons, 1998, *Riding the Waves of Culture: Understanding Diversity in Global Business*. McGraw-Hill.
Hofstede, Geert, 1980/2001, *Culture's Consequences: International Differences in Work Related Values*. Sage.
Hofstede, Geert, 1991/2010, *Cultures and Organizations: Software of the Mind*. McGraw-Hill.

Table 1 is based on data reported in *The Seven Cultures of Capitalism* and Figure 6 is adapted from the figures on p. 77 of this work. These are very impressionistic and appear slightly differently in *Riding the Waves of Culture*. Table 2 is based on data obtainable at geert-hofstede.com, which gives values and analysis on five dimensions across 93 countries.

A particularly insightful comparison of French and American cultures can be found in:

Lamont, Michelle, 1992, *Cultures, Morals and Manners*. University of Chicago Press.

Chapter 8: Critical perspectives on management

For a textbook introduction to the approach of critical management studies, see:

Knights, David and Willmott, Hugh, 1999, *Management Lives. Power and identity in Work Organizations*. Sage.

For more advanced introductions, see:

Alvesson, Mats and Willmott, Hugh, 2012, *Making Sense of Management: A Critical Introduction*. 2nd edition. Sage.

Alvesson, Mats, Bridgman, Todd and Willmott, Hugh, eds, 2011, *The Oxford Handbook of Critical Management Studies*. Oxford University Press.

For the plight of junior managers, see the book by Hassard and others referred to in Chapter 2. Shorter works of particular interest for their insights to the emergence of business strategy and the American adaptation of Japanese management techniques respectively are:

Knights, David and Morgan, Glenn, 1991, 'Corporate strategy, organizations and subjectivity: a critique', *Organization Studies*, 12: 251–73.

Willmott, Hugh, 1993, 'Strength is ignorance, slavery is freedom: managing culture in modern organisations', *Journal of Management Studies*, 30(4): 515–52.

Other works referenced in this chapter, in order of mention, are:

Marx, Karl, 1887 (1867), *Capital*. Available online and in many editions.

Berle, Adolph A., Jr and Means, Gardiner, 1932, *The Modern Corporation and Private Property*. Commerce Clearing House.

Shleifer, Andrei and Vishny, Robert, 1997, 'A survey of corporate governance', *Journal of Finance*, 52: 737–83, quote on p. 738.

McIntyre, Alasdair, 1985, *After Virtue: A Study in Moral Theory*. 2nd edition. Duckworth. Quote on p. 74.

Deetz, Stanley A., 1992, *Democracy in an Age of Corporate Colonization: Developments in Communication and the Politics of Everyday Life*. SUNY Press.

Chapter 9: Management as sense-making

The classic account of sense-making, and an excellent guide to other writings, is:

Weick, Karl, 1995, *Sensemaking in Organizations*. Sage.

Other important works referred to are:

Garfinkel, Harold, 1967, *Studies in Ethnomethodology*. Prentice Hall.
Milgram, Stanley, 1963, 'Behavioral study of obedience', *Journal of Abnormal and Social Psychology*, 67: 371–8.

The Milgram experiments have also been the subject of a number of television documentaries, some of which can be found on YouTube.

A good textbook introduction to the management of change is:

Balogun, Julia, Hailey, Veronica Hope, Johnson, Gerry and Scholes, Kevan, 2003, *Exploring Strategic Change*. FT Prentice Hall.

Two works of fiction that nicely illustrate some of the ideas in this chapter, the first implicitly, the second more explicitly, are:

Tolstoy, Leo, 1869/2010, *War and Peace*. Oxford University Press. Also in many other translations and editions.
Barnes, Julian, 2006, *Arthur and George*. Vintage.

Chapter 10: Management and morality

For a much fuller treatment of these issues, see Hendry, *Between Enterprise and Ethics*, cited under Chapter 6.

Also referred to in this chapter is:

Bauman, Zygmunt, 1989, *Modernity and the Holocaust*. Polity.

“牛津通识读本”已出书目

古典哲学的趣味
人生的意义
文学理论入门
大众经济学
历史之源
设计，无处不在
生活中的心理学
政治的历史与边界
哲学的思与惑
资本主义
美国总统制
海德格尔
我们时代的伦理学
卡夫卡是谁
考古学的过去与未来
天文学简史
社会学的意识
康德
尼采
亚里士多德的世界
西方艺术新论
全球化面面观
简明逻辑学
法哲学：价值与事实
政治哲学与幸福根基
选择理论
后殖民主义与世界格局

福柯
缤纷的语言学
达达和超现实主义
佛学概论
维特根斯坦与哲学
科学哲学
印度哲学祛魅
克尔凯郭尔
科学革命
广告
数学
叔本华
笛卡尔
基督教神学
犹太人与犹太教
现代日本
罗兰·巴特
马基雅维里
全球经济史
进化
性存在
量子理论
牛顿新传
国际移民
哈贝马斯
医学伦理
黑格尔

地球
记忆
法律
中国文学
托克维尔
休谟
分子
法国大革命
民族主义
科幻作品
罗素
美国政党与选举
美国最高法院
纪录片
大萧条与罗斯福新政
领导力
无神论
罗马共和国
美国国会
民主
英格兰文学
现代主义
网络
自闭症
德里达
浪漫主义
批判理论

德国文学
戏剧
腐败
医事法
癌症
植物
法语文学
微观经济学
湖泊
拜占庭
司法心理学
发展
农业
特洛伊战争
巴比伦尼亚
河流
战争与技术
品牌学
数学简史

儿童心理学
时装
现代拉丁美洲文学
卢梭
隐私
电影音乐
抑郁症
传染病
希腊化时代
知识
环境伦理学
美国革命
元素周期表
人口学
社会心理学
动物
项目管理
美学
管理学

电影
俄罗斯文学
古典文学
大数据
洛克
幸福
免疫系统
银行学
景观设计学
神圣罗马帝国
大流行病
亚历山大大帝
气候
第二次世界大战
中世纪
工业革命
传记
公共管理